你要當刺蝟，還是狐狸？

確定性的知識越來越少，不確定的事物越來越多，
面對落後於時代的焦慮，你必須成爲一個知識的「游牧民族」！

羅輯思維—認知篇—

羅振宇——著

Contents

第1章：起點：認知升級

我學習得越多，點亮的燈就越多，
最後，我要照亮的是我自己的道路。

我不關心它的對錯，
我只關心它對我是不是有啟發。

第 1 章

起點

認知升級

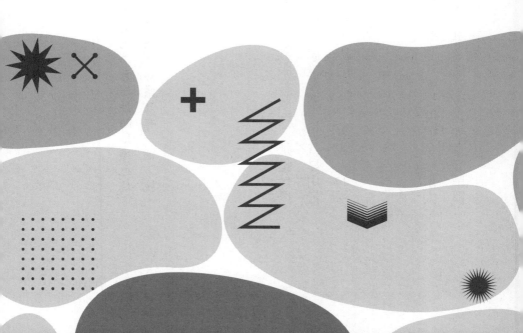

保持頭腦的開放性

確定性的知識越來越少，一切都在飛速演化；真理性的知識也越來越少，互相矛盾也未嘗不可。那該怎麼辦？答案只有一個，就是保持頭腦的開放性。

「得到」App一直在說，要當這個時代最好的「知識服務商」。那是什麼樣的知識服務呢？簡單說，就是查理·蒙格主張的多元思維模型。也就是用最高效率、最低成本，給我們的用戶提供盡可能多的看世界的角度。對成人的學習來說，這件事的重要性遠遠超過提供具體的知識和訊息。

為什麼這麼說？我們就從最近的一件事說起。

大家可能知道，一個概念特別熱，叫區塊鏈。熱到什麼程度呢？一幫大佬，聚在微信群裡，夜以繼日地討論。每天的討論結果，都能成為創業圈子裡爭相傳閱的學習材料。大家都害怕，錯過了區塊鏈這波技術革命，會被時代淘汰。有人說，在區塊鏈興起的時代，連睡覺都是浪費時間。這裡我們不討論區塊鏈本身。我只想說，這可能是我們這代人未來的常態。網路、人工智能、物聯網、大數據，一個個顛覆性的概念撲面而來，還沒緩過神，又來了一個區塊鏈。區塊鏈之後，下一個概念又不知道是什麼。面對這種全新的事物，我們到底該抱以什麼樣的態度？

首先，我們得明確，過去的學習態度和學習方法，對這種新事物，完全沒用。

為什麼？因為沒有人能確定地告訴我們，區塊鏈是什麼。它本身都在劇烈地發展和變化中。也沒人能告訴我們，怎麼就一定能用好區塊鏈。甚至最熱中於談論區塊鏈的大佬，自己也在摸索中。甚至還有人說，區塊鏈壓根就是一個騙局。我們到底相信哪一個？這就是這個時代的學習和傳統學習第一個不一樣的地方。沒有教科書，沒有結論，一切都在演化中。就算你有最虔誠的學習態度、最勤奮的學習精神，也獲得不了確定的知識。

這個時代，如果我們說一句「向你學習」，意思已經變了。過去向你學習，指的是要學習一個人的優點長處，在這些方面我要成為你。而現在，「向你學習」的意思是，我要瞭解一個人的觀點，作為我的參考。這個人不是我的方向，只是一盞燈，我學習得越多，點亮的燈就越多，最後，我要照亮的是我自己的道路，而不是成為其中的任何一盞燈。這個時代的學習，還有第二個特徵。相反的觀點，也許都是對的，還是以區塊鏈舉例。我接觸區塊鏈的相關知識，已經有好幾年了。有一次，我給李笑來老師打電話，他是早期投身區塊鏈領域研究的名家。我問他：「笑來兄，你說應該怎麼抓住區塊鏈的機會呢？」

李笑來說：「你這個問題得問外行。面對一種新技術，只要你站在原來的行業裡問，怎麼抓住這個新機會呢？最後的結果基本都是抓不住。你得換個思路想，這個技術會成就什麼東西？那我就去做那個東西。」

舉個例子。微信剛剛崛起的時候，如果一個企業的公關人員想，微信公眾號這個東西不錯，我怎麼能利用好它為我們公司做公關宣傳呢？這條路基本是不通的。那麼反過來想，微信公眾號崛起，會成就什麼行業？會成就自媒體？那辭職去做自媒體。這才叫抓住新機會。

這個說法是有道理的，機會不是站在原地去抓。遇到新機會，就應該讓自己全身心地站到其中去。

這是一種認知。但是，還有一種相反的認知方式。不管外界潮起潮落、風來風去，我不動，我只在我的分工裡不斷精進。

比如，如果一個人本來就是最好的生意人，網路來了，他一樣有本事開出最好的淘寶店，而不見得要去轉型和馬雲競爭，自己去做電商平台。再比如，一個最好的設計師，網路來了，只會給他創造更多施展才華的機會。

說到底，人類社會的所有繁榮都建立在分工的基礎上。如果區塊鏈這樣的技術真的那麼重要，真的會重塑未來，那麼相伴發生的結果，一定是各個行業都會因為應用這項技術而獲益，各個行業中最優秀的人就有可能利用這項新技術拉開和別人的差距。

按照這個認知，面對新機會新風潮，重要的不是去湊熱鬧，而是繼續保持自己在原有分工中的優勢，保持對新技術的敏感。

區塊鏈真那麼神奇，一邊瞭解，一邊等待，等它成熟了，拿來就用，完全來得及。

不知道大家發現沒有，剛才我講的是兩個相反的道理。面對新風潮，是堅決地投身新分工，還是堅守老分工？這是兩個方向相反的選擇，哪個對？依我說，都對。

這不是和稀泥，這是現代社會給我們這代人的饋贈，在人生道路的選擇上，已經沒有什麼必然的對錯了。有人當新技術的弄潮兒，有人安靜地經營一家餐館，有人專注於一項手藝，條條道路都可能通向某種你要的生活，成功還是安寧，財富還是尊重，在所有道路上都有可能獲得。哪還有什麼絕對的對錯可言呢？這對我們這代人的學習也提出了一種心智上的挑戰。

通過區塊鏈這個例子，能看出我們這代人學習的兩個特徵：第一，確定性的知識越來越少，一切都在飛速演化；第二，真理性的知識也越來越少，互相矛盾也未嘗不可。那該怎麼辦？答案只有一個，就是保持頭腦的開放性。

一家奶茶店的經營技巧，對做投資也有幫助。一個飛天大盜的越獄方法，其實也在啟發我們做人的策略。你認知資源的來源越是多元化，你的認知升級就越快。這就是查理・蒙格提出的多元思維模型。「得到」App提供的就是這樣的知識服務：幫助這個時代最優秀的人，以最低成本最高效率，瞭解和思考世界的不同角度。

我在這裡講的不是什麼真理，只是思考世界的不同角度。我看到了，我覺得有意思，我轉述，我不關心它的對錯，我只關心它對我是不是有啟發，因此我推測，對大家也會有啟發。因為我知道大家的頭腦是開放的。

最後，引用最近幾年大熱的那本書，瑞・達利歐的《原則》的開頭第一句話——

「不管我一生中取得了多大的成功，其主要的原因都不是我知道多少事情，而是我知道在無知的情況下自己應該怎麼做。」

怎麼做？保持頭腦的開放性。

學會和隨機性打交道

如果一個人聲稱自己認知能力不錯，他得具備兩個要件：第一要有科學精神，第二還要學會接受隨機性。

最近我看了一本書，叫《比賽中的行為經濟學》，它提醒了一個我們平時不太注意的問題：我們日常覺得是好運氣或者是壞運氣的那個東西到底是什麼？

比如說，籃球比賽中，有一種叫「手熱」的現象，一個球員突然間如有神助，接連投中好球。這就是感覺來了，或者是好運氣來了。

據說，籃球隊中負責傳球的後衛，需要具備的一項核心技能，就是在比賽中即時發現哪個隊友正處於這種「手熱」的狀態，一旦發現，就趕緊給他多傳球，借著他「手熱」的機會讓本球隊多得分。

那問題來了，這種球員忽然「手熱」的原因是什麼？

像美國職業籃球聯賽ＮＢＡ這樣，優秀球員的年薪高達幾千萬美元。優秀球隊的全年收入，更是數以億計。這樣的生意，如果能對「手熱」的研究有突破，就意味著能切實提升球員能力和球隊成績，對商業上的好處就太大了，很多專家學者花了很大精力去研究這個問題。

結果是，研究者收集了大量比賽和投籃的數據，將這些數據輸入電腦，用各種複雜的軟體反覆計算，找到了什麼呢？

什麼也沒有。

原來猜想，如果球員頭幾個球投中了，就可以引發後面的高命中率，但統計數據發現，沒這個規律。

或者反過來，頭幾個球沒投中，也許球員會奮發圖強，反而會引發球員「手熱」，但統計數據表明，也沒有這個規律。

再比如說，上一場比賽的命中率，會影響下一場比賽。研究結果表明，沒有這個規律。

還有人猜想，球員在短時間內，比如一分鐘內連續命中，就可能引發隨後的「手熱」。統計數據表明，沒有這個規律。

為了排除對手防守強度的因素，研究者還專門研究了罰球中的「手熱」，發現同樣是毫無規律。上一個球是否罰中，根本不影響下一個球的命中率。

好了，到此為止，結論就有了：「手熱」現象根本就不存在。但是，既然不存在，賽場上的球員、教練員卻都知道這個現象是存在的。這是怎麼回事呢？答案是，這是個隨機現象。沒有任何原因。這就像是擲硬幣，懂概率的人都知道，無論連續擲出多少個相同面，正面還是反面，下一次擲硬幣的概率仍然不變，正面或者反面出現的概率仍然是50％。無論連續多少次看到正面或者反面，對下面出現的情況，沒有任何預示作用。

但是，這個結論太難接受了，太違反人類的直覺了。

NBA很多資深教練和優秀球員都對統計學家研究出的這個結果嗤之以鼻。他們認為，這些研究數據的傢伙根本不懂籃球。一個數據研究者對此無奈地說：「就這一主題，我已經參與了一千場論戰了。每一場論戰我都贏了，可我沒能說服哪怕一個人。」

為什麼難以說服？因為人的大腦有一種天然的本能，要為一個現象找到背後的原因。沒有原因這件事，人類大腦不肯接受。

下面我們就來看看，人類大腦和自然界裡真正的隨機現象到底是什麼。

有一個統計學教授，在第一堂課上，給學生布置了個作業。他要求大家做一件特別乏味的工作，拿出一枚硬幣，連擲二百次，記下結果，正面還是反面，仔細記錄。

教授提醒說：「你們可別造假，造假我可看得出來。」學生們沒當回事，連續擲硬幣，不就是交一個隨機數嘛。既然隨機數是沒有規律的數，編一個沒有規律的結果不就可以。

果然有學生偷懶，沒有老老實實地去擲二百次硬幣，而是編了個紀錄表交差了。奇怪的是，教授果然一眼就能識別出哪些學生偷懶了，沒有真的擲硬幣。教授是怎麼發現的？

偷懶的學生編造出來的紀錄表都是這樣的：正反正反正正反正正反反反正。教授之所以一眼就能看出來是假的數據，是因為這個紀錄表編造得太「隨機」了。造假者認為，只有這樣才符合擲硬幣這種「隨機現象」的特徵。他們會極力避免連續出現多次同樣的結果。他們認為，那樣「太不隨機」了。

實際上，如果真去老老實實地擲二百次硬幣，記錄下來就會發現，正面或者反面連續出現六、七次的現象會很多，真正的結果會像這樣：正反反反反反正正反反正正正正正正正正。

懂概率的人稍稍計算一下，就能解釋這個現象。

擲十次硬幣，結果都是正面的概率很小，只有一千零二十四分之一，可能性極小，可當擲的次數足夠多，情況就不一樣了。

如果擲上七百一十次，正面連續出現十次的概率就達到了50%，一半對一半了。

如果擲上五千次呢？正面連續出現十次的概率達到了99.3%。如果擲上一萬次，概率為99.99%，這時，幾乎可以確定，一定會出現連續十個正面。

教授布置的作業很狡猾，擲硬幣二百次，其中一定會出現連續六、七次相同的情況。如果看不到這種情況，只能看到更亂、更隨機的紀錄結果，不用問，那就是學生偷懶造的假。

如果明白了這個道理，就知道籃球場上的「手熱」現象是怎麼回事了。NBA每支球隊每賽季僅常規賽就要打八十二場，加上季後賽，整個聯盟一個賽季比賽總數在一千場以上。每場比賽雙方球員累計投籃數要超過一百次，也就是說，一個賽季投籃總數要超過十萬次。

在如此大的數據量下，出現某名球員的若干次連續命中，就像扔硬幣連續多次正面朝上，也就是所謂「手熱」，這就是典型的隨機現象。如果沒出現，那才是怪事。但是，不管看起來多有規律，這背後還是隨機的，是捕捉不到所謂的規律的。

人類心智是模式化的。人必須按照某種模式，或者說是某種理論來理解世界。大家很難接受一個毫無理由、無法解釋，只有隨機和運氣的世界。人總是難以遏制地想要去探索種種現象背後的原因。這種心理機制很重要，沒有這種心理機制，科學就沒有辦法產生和發展。

這個發現有意思的地方就在於，迷信的對立面人們過去都以為是科學，其實不是。迷信和科學其實都是在找規律，只不過，科學講究方法和證據，而迷信是一通胡來。從這個意義上說，迷信和科學反倒是近親，都符合人類要給現象找原因的本能。

迷信的反義詞是什麼呢？其實是承認不確定性，是承認隨機性，承認有些東西不可解釋、不可預測，並且欣然接納它帶來的結果。如果一個人聲稱自己認知能力不錯，他得具備兩個要件：

第一要有科學精神，第二還要學會接受隨機性。

我們必須成為知識的游牧民族，
哪裡水草豐美，就向哪裡遷徙。
隨著自己的興趣和需求，
在知識的原野上，
用旺盛的好奇心，四處奔跑。

做知識的游牧民族

不要迷信訊息輸入，要行動，根據自己的當下問題去不斷試錯。

很多人都說，學習就應該系統地去學，這麼零零碎碎、浮光掠影、淺嘗輒止、不求甚解地瞭解一個門類的知識，有用嗎？

我現在正面回答這個問題。不僅有用，而且是我們這代人最重要的學習方法。

深入、系統地學習一門知識，當作立身之本，這當然必要。如果在一個變化不大的社會環境裡，這樣做也就足夠了。我們可以順著一門知識或者手藝的金字塔，逐漸向頂部攀登。但問題是，我們並不是生活在那樣的社會中。技術在飛速迭代，社會要素在令人眼花撩亂地重組，沒有任何領域還是一片桃花源，可以按照原來的軌跡運行下去。

新的機會永遠出現在邊緣地帶、夾縫地帶和混合地帶。我們可以觀察一下那些成功者，哪一個不是其他領域知識的瘋狂學習者？但問題又來了。新知識那麼多，我們怎麼可能都深入系統地學習？莊子當年不就說：「吾生也有涯，而知也無涯。以有涯隨無涯，殆已！」

那怎麼辦？就要掌握新的方法。過去的學者，是知識的農耕民族。自己有一畝三分地，精耕細作就可以了。但是這個時代，逼得我們必須成為知識的游牧民族，哪裡水草豐美，就向哪裡遷徙。隨著自己的興趣和需求，在知識的原野上，用旺盛的好奇心，四處奔跑。

要用20%的時間，掌握一個新領域80%的知識。這種說法，聽起來特別離經叛道、驚世駭俗。但是，對我們這代人來說，必須這樣做。

王爍的日常工作，是負責財新的新聞報導。他必須對每天發生的各種大事，以及它的可能走向，迅速作出初步判斷：真相是不是已經清楚了？需不需要進一步瞭解？瞭解到什麼程度算足夠？如何調度手頭的人力、財力和注意力資源？

他不可能對每個領域都作系統深入的研究，但是他又必須有大體可靠的判斷力。在我們這個時代生活的人，只能這樣求知，也只有這樣才會在真實世界裡運用好知識。王爍這麼多年就是靠這套方法，幫助財新傳媒站到了中國高質量新聞報導的金字塔塔尖上。這個時代任何一個做出成績的人，都是這樣，快速瞭解一個新領域，補充自己對世界的理解，迅速去嘗試，去行動，在行動中試錯，在反饋中迭代，而不是先系統學習再動手。那你可能又會問，難道一通亂學才是這個時代的學習方法嗎？也不是。這就得理解，一個成年人學習的真實目的。成年人的學習，因為來日無多，而且要快速應用，學習的目的，不是輸入更多的知識，而是瞭解世界的更多側面。

所謂「多元思維模型」，就是這個意思。查理．蒙格是這麼學習的，杜拉克也是這麼學習的，我自己也受益良多。

我們所有的有效行動，都建立在一個基礎上，就是對現實的瞭解。可是現實太複雜了，我們不可能用一個角度的理論就能洞察整個世界。

比如，要瞭解人性，知道人性的哪些部分是千變萬化的，哪些部分又是千古不變的。但是瞭解人性就夠了嗎？不夠，人性是在互動中展開的，多少還得懂一點博弈論，我們不需要成為博弈論專家，但是至少我們要明白，我們的一個行為會觸發其他人的應對行為，我們的一個意圖必須考慮到其他人的意圖。

到這裡，我們又需要熟悉進化論，適者生存，協同進化，這些概念會幫助我們擺脫對於力量本身的崇拜，而找到真正的生存策略。在人群中生活，我們還需要懂一點政治學，知道利益分配的基本原則是什麼。我們需要知道一點歷史，知道什麼在凝聚人的共識，這些共識的演進方向是怎麼影響現實和未來的。我們需要懂一點神經科學，這樣才分得清楚，我們腦子裡的理性成分和非理性成分。我們還需要懂一點哲學，人類終極的大問題，歷史上的聰明人其實多多少少都思考過，不用再費一番力氣。

要想掌握游牧民族式的學習方式，有三個最核心的認知。

第一，不要迷信系統學習。如果能系統學習當然好。但是，最有價值的知識，往往還沒有凝結成公認的系統，比如，什麼是新零售？怎樣用區塊鏈技術創業，人腦是怎樣運作的？這些問題價值極大，但即使是在這個領域最前沿的人，也是在摸索之中。

難道我們就不學習了嗎？胡適先生說得好：怕什麼真理無窮，進一寸有一寸的歡喜。

第二，不要迷信什麼一攬子解決方案和萬能鑰匙。自我是多重的，環境是變化的，社會是多元的，要達成一個目的，依靠單一的策略，那簡直就是取敗之道。要允許自相矛盾的原則在腦海裡共存，要允許現實世界給我們反饋幫助迭代。

第三，不要迷信訊息輸入。如果一個課程，我們只是聽了，只是把自己浸泡在訊息流裡面，是沒有用的，轉身就忘。更重要的不是訊息輸入，而是輸出，是行動，是根據自己的當下問題去不斷試錯。

知識大遷移，人人都是福爾摩斯

過去的學習，是面對已知的學習；現在的學習，是面對未知的學習。人人都是福爾摩斯。

我們這個時代，學習的方式，正在發生一次巨大的變革。簡單總結成一句話，我們正在經歷從考試式學習，向破案式學習的過渡。

這話怎麼講？

過去的學習，知識的門類是固定的，問題也是清晰的。不管是一個數學方程式怎麼解，還是相對論到底在講什麼，所有的問題都很明確，而且這些知識都已經被體系化，以文字的方式確切地寫在經典中，只要去學就可以了。

學習方式應該是勤奮、專精、系統化的，學習效果由各種各樣的考試來衡量，我把這種學習模式稱為考試式學習。

以撒・柏林有一個著名的類比，狐狸和刺蝟。刺蝟只知道一件事，而狐狸知道很多。傳統社會顯然是更需要刺蝟式的專家啊。像狐狸一樣東張西望的人，雖然樣樣都通，但是樣樣稀鬆。傳統社會並不鼓勵這種學習方式。比如一個軟體工程師，業餘愛下圍棋。但是圍棋下得再好，對他的工資和職業競爭力有什麼幫助？搞不好，還落得個玩物喪志的罵名。

但是在現代社會，這個學習模式正在遭遇巨大的挑戰。原因很簡單，兩條：第一，人類的知識總量已經太大了。大到任何一個人，用任何一種方式都無法消化，哪怕是一個門類的知識。專精這個目標本身已經不可能實現。第二，知識的確定性正在喪失。知識本身在頻繁更新，今天還是共識，明天可能就不是。越來越多的知識，處於學科之間的模糊地帶，本身也面目不清。問題越來越多，但是確切的答案越來越少。考試式的學習方式當然就難以為繼了。

那怎麼辦？《為什麼Google不夠用？》這本書中就提出了一個非常開腦洞的辦法。簡單說就是，我們要甘心去當一隻知道很多事的狐狸，而且一知半解就好。

沒錯，這本書的主張就是，除了專長之外，要盡可能多地、碎片化地掌握一些知識的皮毛。一知半解就好，不用系統，不用深入。這就是未來最好的學習方法。

要接受這個結論，還真是需要一點勇氣，它對價值觀的挑戰有點大。

《為什麼Google不夠用？》這本書的作者，是美國頂級暢銷書作家威廉．龐士東，他曾經寫過著名的《洞悉價格背後的心理戰》。這樣的人，他即使拋出一個驚世駭俗的觀點，也一定是持之有據的。我們來看看，作者憑什麼這麼說。

作者洞察到了一個關鍵性的變化：知識和我們這些學習者之間的關係變了。過去的知識，是固化下來的。我們跟它的關係，有點像人和財富的關係，是占有關係，占有得越多越富有。但是現在不行了，知識多到我們根本占有不過來。

打個比方，過去水很少，而自己這個容器太大。往自己這個空桶裡裝水，當然是裝得越多越好。而現在，這水已經多得像大海，就別想往自己身體裡裝了，學會在水裡面游泳就好。學習這件事的本質當然就發生了變化。

說到這兒，我們就理解作者為什麼說一知半解的知識很重要了。

知識不是用來占有的，占有一知半解的、不確切的知識做什麼？不管什麼知識，都可以成為我們踏入未知世界的踏板。一個片段的知識，會成為我們求知路上的援兵，它是不知道什麼時候就會起作用的接應。它不是答案，但它是通向答案的鑰匙。

我們剛剛嘲笑的那位圍棋下得好的數碼工程師，過去，圍棋只是業餘愛好，但是在這個時代，正因為他對兩邊多少都懂一點，擊敗人類棋手的人工智能AlphaGo就有可能是他開發的。

想特別強調一個概念，知識的「盲點」不可怕，可怕的是知識的「盲維」。

《為什麼Google不夠用？》這本書提出的這個奇葩觀點，就是在教我們怎麼掃除「盲維」。一知半解、一鱗半爪的知識，它作為知識，當然是不精確、不系統的，甚至不正確，孤立地看沒有用。但正是因為它分散、碎片、不成系統，在知識的網路效應裡，它就極有可能在機緣湊巧的時候，填補形成一個我們認知世界的維度，讓我們的一個認知盲維突然透進了一絲亮光，這就是它價值連城的地方。

舉一個著名的例子。福爾摩斯第一次見到華生的時候，馬上判斷出他是一個從阿富汗回國的軍醫。為什麼呢？華生有醫務工作者的風度，同時還有軍人氣概，所以他肯定是個軍醫。左臂動作僵硬，說明剛剛受過傷。當時什麼地方剛剛發生完戰爭，有可能讓一個軍醫受傷呢？阿富汗，結論就出來了。福爾摩斯只需要一個片段的知識就夠了，他並不需要深入細緻地瞭解這場戰爭就足以讓他完成一整套判斷。這就是片段知識幫助我們完成判斷升維的案例。一對情侶到女孩的閨密家做客，男孩說自己是初次登門。結果，進門之後，男孩的手機Wi-Fi居然自動連上了。Wi-Fi連上了，這本來是個極小的碎片化訊息，但是對女主人公來說，這是對一個全新維度的提醒，它作為鑰匙，打開了一個隱秘空間的大門。說到這裡，我們前面說的那個詞的含義才浮出了水面，就是從「考試式學習」到「破案式學習」。

過去的學習，是面對已知的學習；現在的學習，是面對未知的學習。人人都是福爾摩斯。比如，想創業，想知道自己的創業計畫可不可靠，我們去哪裡找答案？每次遇到的都是不同的案情。在未知的海洋裡面，任何一根小樹枝都是救命稻草，一些微茫的小線索，哪怕不精確，利用現在的網路工具，利用線索和線索之間的交叉關係，找到答案並不難。一個破案的偵探是不會在乎線索大小的。反過來說，這個線索正是因為小，才被罪犯忽略，遺漏在現場。一知半解的知識是不是比我們原來想像的要重要得多？

突破「元無知」

百度的搜尋框就放在那裡，人類的大部分成形知識，都可以通過搜尋找到。但是在搜尋框裡搜尋什麼呢？輸入一個什麼詞，成為我們的第一個起點呢？

上一篇還有一個話題講得意猶未盡。那就是《為什麼Google不夠用？》裡提出的「元無知」的概念。什麼是「元無知」？就是我們不知道自己不知道的無知。

原來的無知，可以稱為「考場無知」。考卷就在那裡，每一個問題都問得很清楚，但是我答不出來。這種無知，在我們的青少年時代、在考場上，經常折磨我們。

成年進入社會之後，更致命的「元無知」來了。這種無知，可以稱為

「搜尋無知」。百度的搜尋框就放在那裡，人類的大部分成形知識，都可以通過搜尋找到。但是在搜尋框裡搜尋什麼呢？輸入一個什麼詞，成為我們的第一個起點呢？如果這個時候，大腦一片空白，這就是「元無知」的狀態。

這不是現在才有的現象。《為什麼Google不夠用？》這本書裡舉了一個例子。

古希臘的元老院裡有一個職業叫作「助記員」。他們的工作，就是在元老們辯論的時候，給元老們提供所需的事實。比如城裡有多少人口，上個月天氣怎麼樣，諸如此類。這個職業假如用古希臘語直譯過來，名字就叫「好記性」，專門負責給答案。元老們搞政治辯論，真正的競爭在於，他們能向「助記員」問出什麼樣的問題。

這和我們今天面對Google、百度搜尋引擎，是不是一模一樣的情境？我們需要的不是體系性的知識，而是一個可以追索下去的線頭。只要這個線頭存在，就擺脫了「元無知」。我們仍然是無知的，但是沒關係，網路上的那些知識工具會幫助我們解決後面的問題。

舉個我遇到的例子。有一位創業者問了一個很好的問題，他說，能不能辦一個保姆學校，培養高素質的保姆？怎麼培養？能不能借鑑培養護士的流程？他自己的經歷和保姆其實沒什麼關係，和醫學離得更遠。但是他模模糊糊地知道，人類在醫學護理上累積了大量流程性的經驗。護士的工作都關乎人命，流程管理非常嚴格。如果把管理護士的流程，移植到保姆怎麼做家務上，就會培養出最好的家政服務人才。如果這條路能走通，也許會誕生一家很成功的創業公司。

下面該怎麼辦？上網查，找懂護理專業的人去問，做一個最小化的實驗性的班，一步步往下摸索著走就可以了。

反面的例子呢？如果缺了這種零星知識，會出現重大的誤判。《為什麼Google不夠用？》這本書裡面舉了個例子，有一位美國教師，在肯亞工作過幾年，回到美國之後，被學校強迫停課了。為什麼？當時非洲爆發了伊波拉病毒。學校怕這位老師也攜帶病毒，傳染給學生。這是一個非常無知的決定。在很多美國人的觀念裡，非洲就是一個地方，可能跟芝加哥差不多。他們沒有深想，非洲是一片大陸。只要知道這個知識線頭，上網一查就知道，爆發伊波拉的地方距離那位老師工作的肯亞有五千六百公里遠，完全不必擔心。

在真實世界裡，零星但維度豐富的知識比體系化的知識要重要得多，那麼怎麼去找這種零星、維度豐富的知識？

第一個方法，人是萬物的尺度，人也是零星知識的最好的線頭。

我認識的所有工作能力強的人，都有一個習慣。遇到一個自己完全不知道怎麼下手的難題，就是遇到「元無知」時，他的第一個反應就是，我找誰去請教一下？我經常跟他們開玩笑說，你們最重要的工作工具是通訊錄啊。有能力的人，無一例外都是這樣。

這個通訊錄是怎麼來的呢？這工夫就在平時了。各個領域的人，都要認識一點。有很高知識價值的人，要有把他們識別出來，保持弱連接的能力。

有一個說法，一個人在一個城市裡生活，至少要認識四種人，一個公務員，一個江湖人，一個老師，一個醫生。為什麼要認識這四種人呢？並不是因為他們手裡有特定資源，而是因為他們有特定的知識線頭。這四個領域，都是有獨特的內部邏輯和話語系統的。只要在這些領域有可以請教的人，遇到了問題，請教一下，就會抓住關鍵的知識線頭，接下來的事情就好辦了。

而沒有工作能力的人呢？他們遇到這種「元無知」的問題，往往就一籌莫展。甚至，像一個好學生那樣，立即本能地啟動「考試式學習」的模式，而不是像一個偵探那樣啟動「破案式學習」模式。工作能力的差異，就是這麼來的。還有一種抓知識線頭的方式，就是要有自己的觀測複雜現象的儀表系統。什麼意思呢？我們要有從一個特別顯而易見的表象中看出背後一大堆訊息的工具，就像我們通過看溫度計能知道溫度一樣。

比如我們公司面試招人的時候，有一個非常重要的標準，就是人要好看。這聽起來好像有點以貌取人，對吧？但是，我們說的好看，並不是指五官，而是這個人是不是在乎自己的形象。頭髮有沒有理好，鬍子有沒有刮，衣服是不是整潔，這些都是訊號，通過它們可以判斷很多事。比如一個人對自己的要求嚴不嚴格？在不在乎別人對自己的感受？在不在乎這次面試？這個人在未來的工作中會不會和他人協作？等等。通過這一個訊息的線頭，就能判斷後面的很多事情。

再比如，美國的常春藤院校，招生的時候為什麼要求學生體育要好？不只是因為在乎學生的身體素質，而是能通過這個表象瞭解後面隱藏的一系列訊息。一個孩子有體育專長，至少說明：第一，家庭經濟實力不錯，至少是中產階級；第二，父母對孩子很負責，願意投錢投精力；第三，孩子能堅持下來，說明他既有恆心，又有方法，還取得過具體的成功。一個簡單的指標，能夠抓取到三個訊息。這就是美國名校的儀表系統。

一眼能看到的表象，可以洞察大量的訊息，這是一個只要不斷訓練，就可以持續增強的能力。

我們說這個話題，其實是因為我們正處在一個大的時代轉換之中。我曾和投資家金岩石老師聊到區塊鏈這個話題。金老師有一段話，其實就折射了這個大轉換。

他說，區塊鏈這個詞本身，意義就很大。它不是網路的延伸，它是對網路一次很大的顛覆。

在網路時代，我們覺得世界是平的，每個點和點都可以建立連接，這是一個人人都有機會的時代。網路運行幾十年來，大家逐漸發現，不是這樣的。人類並沒有大同，而是重新部落化了，每個人都進入了一個小圈子，難以自拔。

這個狀況，用區塊鏈這個詞來描述才更準確。每個人都生活在一個區塊裡，被這個小環境制約，越來越難以脫離。而未來世界的價值，就在區塊鏈的這最後一個字「鏈」上，誰能夠打破區塊，連接區塊，跨界區塊，提供鏈條，誰就能創新，誰就能享受未來時代的財富紅利。

什麼時候該孤注一擲？

所有的選擇難題，本質上都是視野狹窄帶來的。偏好不夠用了，那就看看概率。概率不夠用了，那就看看運氣。運氣也看不清了，那就看看公共利益。甚至公共利益也看不清，那就想想自己想成為什麼樣的人。

這一篇我們來聊一個不確定性很大的話題，人應該怎樣作選擇。

我們先來看一個很常見的選擇問題：人什麼時候應該孤注一擲，什麼時候可以耐心沉著？

先說大家可能有的直覺：當然是有資本可以賭的人，應該孤注一擲。沒有資本、處於劣勢的人，應該小心翼翼，耐心沉著，因為輸不起。這是直覺告訴我們的，也符合我們的觀察：越有錢的人膽子越大，越窮的人越小心。

但是如果稍加理性分析，你會發現，答案也許正好相反。為什麼？我們來看一個例子。

比如我是一個高爾夫球的外行，我和一個高爾夫球世界冠軍比賽，我會怎麼比？我會說，我們打滿全場十八個洞嗎？不會的，因為水平差距太大，比多了肯定輸。如果我有機會決定賽制，我會說，我們就比打一個洞，一桿定輸贏。因為我還有可能碰巧贏一把，可以賭世界冠軍偶然失手。

恰恰是弱者應該孤注一擲，這和我們的直覺相反。

再舉一個例子。比如進賭場，正規的賭場有概率優勢，這是數學家幫忙算出來的，而且合法，明明白白地寫在賭場的執照裡。那應該怎麼賭呢？如果要分次下注，概率就能起作用了，我們只會穩定地逐漸輸光，一點機會也沒有。最聰明的辦法，是全部押上，一次性下注，接受命運的裁決，還有一點點機會贏。就這麼簡單，越是沒有資源的人，越應該孤注一擲。

這個道理，說出來感覺很平常，但是，如果真的理解了，我們會發現，這是世界留的一個後門。

作為小人物，我們經常會覺得，這個世界沒給我們留什麼機會。因為表面看起來，有資源、有優勢的人，往往會獲得更多的資源、占據更大的優勢，「馬太效應」嘛。

但真的是這樣嗎？不是啊。有優勢的人，應該等待概率自己慢慢地、穩定地起作用，這是他們保持優勢最好、最理性的策略。一個高爾夫球高手，他應該和我多打幾把。他才不願意採取激進策略，只要正常和我打，他就能贏。

但這同時意味著，有優勢的人，優勢本身就是他們的繩索，他們天然是沒有勇氣的，結果自然也就不會有驚喜。因為他們不賭運氣。不管他們優勢多大，他們也攔不住敢賭一把的黑馬。

這就是這個世界的後門啊，這就是這個世界內含的一個邏輯悖論。這個世界就是靠這個後門和邏輯悖論來完成結構更替，避免被鎖死，避免已經享有優勢的人持續享有優勢。

舉個例子。我們經常看到一個現象，一個班裡的同學，學習成績最好的學霸，將來的發展往往只有中上水平，最有成就的人，往往是班上成績不怎麼樣的人。為什麼？有人說這是因為學霸讀書讀傻了，或者乾脆說讀書無用。

用剛才說的這個規律分析，我們就明白了，這是理性選擇的結果。班上成績最好的同學，往往選擇去了穩定的地方，這更有助於他們把自己的智力優勢、先發優勢穩定地發揮出來，當然也就不太可能有意外之喜，往往會有比較不錯但是平淡的一生，這是他們的理性選擇，而不是他們的無奈。

而有大驚喜的人呢，看起來他們起點低，比如創業者一般原本處在主流邊緣，但是他們成就的實質，往往是因為和命運賭了一把。絕大多數人在這樣的賭局裡都輸了，少數贏了的人比較顯眼而已。

每個人的資源和稟賦不一樣，也就是說，成功的概率不一樣，就分化了。有的人會更多地利用概率躲過不確定性，這就是學霸的道路；有的人躲過概率更多地擁抱不確定性，這就是創業者的道路。各得其所，大家都有機會。

我們再來看一種選擇。剛才的選擇中可以在概率和運氣之間找平衡，但還有一種沒有概率依據的選擇。什麼選擇沒有概率依據？就是那種很重大的，甚至一生只有一兩次的選擇。像關鍵時刻的職業選擇，要不要和這個人結婚的婚姻選擇等等。每個人在面對這種選擇的時候，都面臨無窮豐富的因素，每一片樹葉都不一樣，每個人的因素都不一樣，別人的經驗，過往的概率，參考價值不大。

比如說，按照概率選擇結婚對象，歷史數據表明，哪個省的人、哪個學校畢業的人、哪種職業的人、哪種財產狀況的人，甚至是手機上裝了什麼App的人，婚後的幸福指數較高，但這有什麼價值呢？我們面對的是具體的人。

這種概率在宏觀上有意義，但是一旦具體到個人，結婚對象一旦選錯，對生活質量的影響是決定性的。怎麼選，依據多大的概率選，都有可能遇到一個對的人，也有可能遇到一個很渣的人，一旦遇到就是100％。對於這種重大選擇，概率沒什麼用。單一事件沒有概率可言。

那該怎麼辦呢？

哲學家和概率學家查爾斯．皮爾士有一個建議：「在作一次性選擇時，邏輯要求我們的利益不再受限於自身，不能鎖定在自己的命運中，而必須擁抱整個社群；同樣，社群利益也不能受限於自身，而必須擴展到所有人類。它必須超越這個時代，超越所有邊界。邏輯植根於社會原則。」

這句話聽起來有點不知所云，解釋一下：

對我們每個人來說，重大的一次性的選擇，當然很難，不可重複，沒有可靠的依據。但是如果跳出來呢？跳到整個群體、整個人類、全部時空，那就不是一次性的選擇了，那是可重複的選擇。多少人生老病死，多少人悲歡離合，對人類群體來說，司空見慣。假設一個人代表整個群體，那怎麼選，就有依據了啊。

舉個例子。比如，我如果得了某一種病，醫生說有兩個治療方案，各有利弊、各有風險，讓我自己選治療方案，沒有能力，因為任何風險要是落到我自己身上，那就是100％。這個時候聰明的選法，就是反過來問醫生，假設我們超越邊界，回到群體，假設給整個病人群體建議一個治療方案，醫生說怎麼選就怎麼選。即使最終證明選錯了，也是為這個群體貢獻了一個治療樣本，從群體的角度來看，還是有收益的。這個收益多多少少會以各種方式重新落到個體上。

再比如說，作一個商業上的重大選擇。從公司的利益來看，確實各有利弊，無從決策。那就跳出來，跳到社會公眾的高度，再來看怎麼選。這樣選，即使錯了，客觀上也是增進了群體的利益，群體的利益，多多少少還是會回饋到個體的身上。有人可能會覺得，這是在唱高調，但是，我們不妨想想，如果一家企業在面臨重大選擇的關頭，一直是按照公共利益最大化來作選擇，這家公司不見得會大成，但是大敗的機會確實也小了。個人也是一樣，從個體的角度來說，不見得惡有惡報、善有善報，但是從群體的角度來說，做善事肯定比做惡事收益要大。

所有的選擇難題，本質上都是視野狹窄帶來的。偏好不夠用了，那就擴展一下看看概率。概率不夠用了，那就擴展一下看看運氣。運氣也看不清了，那就擴展一下看看公共利益。甚至公共利益也看不清，那就擴展一下，想想自己想成為什麼樣的人。

總之，格局越大，選擇就越容易。

愛我們所愛，但我們所愛的都如朝露。

我們必須全力以赴，同時又不抱任何希望。
不管做什麼事，都要把它當作
是全世界最重要的一件事，
但同時又知道這件事根本無關緊要。

為什麼要做一個「斯多葛」？

有些難題亙古不變。在侮辱、焦慮、災變、老去、死亡面前，無論是羅馬人還是現代人，都想獲得內心的寧靜與喜悅，古來聖賢的思考肯定會滋養我們。

我們都遇到過一種情況，就是要學習一種新思想，面對的是一大堆名詞、人名和概念。費點工夫，我們當然可以把這些全記住，考試也沒問題。但是，記住之後，我們真的知道了這個思想嗎？我們記住的只是零零散散的一地雞毛，實際上關於這種思想本身，我們還是什麼都不知道。

比方說，中國人都特別熟的一個詞——「儒家」。

對於儒家，我們究竟知道些什麼？是周公、孔子、孟子、朱熹這一大堆人名，還是《五經》、《四書》、《傳習錄》、《三字經》這樣的著作？是仁、義、禮、智、信這樣的原則，還是祭天、祭孔、穿漢服、磕頭這樣的禮節？

其實都不是。我們會發現，即使把上面的這一套全部記住了，也只是單擺浮擱地記住了一些知識，但儒家究竟是什麼，我們還是說不出來。那應該怎麼辦呢？這就要回到思想的出發點再來看，一套思想體系的本質到底是什麼？

其實，所有真正有生命力的思想體系，都在回答一個問題：如何安身立命？如何更好地過完這一生？或者，如何不被命運傷害？其他的，比如對世界的看法、對於政治的主張等，都是衍生出來的。為啥？因為世界在不斷變化，知識在不斷增長，對外部世界的具體主張都可以與時俱進。但是有些東西是不會變的，那就是人性、人面對的基本困境、人要自我提升的需求，這些東西是不變的。要想把握一個思想體系的核心，關鍵看它的人生哲學。

我們再舉一個例子，我曾看過斯多葛學派的一篇文章。過去，我也是多次在書裡看到過這個詞，知道它是古希臘的一個學派，知道它的創始人是哲學家芝諾，還記得它的一些具體主張，等等。但是又怎樣呢？我還是不知道斯多葛到底是指什麼。

其實，斯多葛學派在歐洲流行的時間很長，從古希臘到古羅馬，再到後來的歐洲。很多我們熟悉的人物，羅馬的名將、哲人、作家、政客，都是斯多葛學派的。

比較著名的人物，像羅馬毀滅迦太基的名將小西庇阿、羅馬後來著名的賢君奧理略。連近代的作家羅曼・羅蘭都可以肯定地說是一個斯多葛思想的信奉者。這是不是和中國的儒家很像？綿延幾千年，儒家的具體主張變化了很多，但是核心的人生哲學是不變的。

那斯多葛的人生哲學是什麼？就是把自己從環境中剝離，認知到自己是一個純粹的人，專注思考自己的生命擔當。斯多葛學派最底層的一個思維方式是，總是設想最壞的情形，假設一切已被命運奪走，我該怎麼辦？我怎樣仍然做一個最好的自己？

據說有一位古羅馬的女人，孩子死了三年了，但是她仍然不能擺脫喪子之痛。這個時候斯多葛學派的塞雷卡就安慰她：我們擁有的一切都是從幸運女神那裡暫借而來，祂隨時會把它收走。

接著塞雷卡說了一句很重要的話，這可以說是斯多葛派最重要的心法：「愛我們所愛，但要知道我們所愛的都如朝露。」就是說，我們所愛像朝露一樣轉瞬即逝。

其實這樣的名言，古往今來很多人都說過。比如，著名的斯多葛代表，號稱五賢君之一的古羅馬帝國的皇帝奧理略。他說：「我必然會遭遇負義、無禮、背信、惡意和自私自利之人——我以提醒自己這句話開始每一天。」是不是很神似的一句話？

再比如，作家羅曼．羅蘭說：「真正的勇氣是知道生活的真相，卻仍然熱愛生活。」正是通過這句話能證明，羅曼．羅蘭肯定是一個斯多葛，心法相通嘛。

再有，詩人里爾克說過一句話：「對待做事，態度應該是我們必須全力以赴，同時又不抱任何希望。不管做什麼事，都要把它當作是全世界最重要的一件事，但同時又知道這件事根本無關緊要。」這也是斯多葛式的主張。這在西方，是一個重要的思想傳統。

不管外界環境怎麼糟糕，我都已經預想到了；不管事情怎麼失敗，我本來就預計它會失敗，不管損失多麼慘重，這東西本來就不是我的。但是，我還是要盡我一個人的本來職責，從父母兄弟，到朋友家國，一件也不能少。

這和中國儒家講的「盡人事，聽天命」是不是思路一致？和中國儒家講的誠意、正義、格物致知，修身、齊家、治國、平天下，雖千萬人吾往矣，吾善養吾浩然之氣的精神，是不是惺惺相惜？

知道了這個心理基礎，我們就可以順理成章地理解斯多葛派的其他主張了。

比如，控制能控制的，無法控制的要放手。

再比如，對抗命運對未來的安排，但接受已成現實的過去與現在，彷彿它是宿命。

再比如，要克制自己的欲望。這樣可以更好地反思生活的甜美，獲得意志力、勇氣和自制力。

再比如，要勤於反思。每天都要反思，我今天改正了什麼？今天抵制了什麼？今天有什麼收穫？

像羅馬皇帝奧理略，他執掌大權幾十年，用歷史學家的話來說，從進入權力核心到死在皇帝任上，奧理略幾十年間始終是同一個人，沒有任何改變。

他沒有被權力敗壞。為什麼？就因為他每天都用一個斯多葛的標準反思自己。他把自己每天的反思記下來，這本日記的題目叫「致我自己」，就是自己寫給自己看的。他死後，這本日記出版，才改成著名的《沉思錄》，成為斯多葛學派的經典。如果你想進一步瞭解斯多葛派的人生哲學，就可以去看看這本書。作為一個現代人，為什麼還要瞭解斯多葛呢？

因為有些難題亙古不變。在侮辱、焦慮、災變、老去、死亡面前，無論是羅馬人還是現代人，都想獲得內心的寧靜與喜悅，古來聖賢的思考肯定會滋養我們。

說回我們中國人，如果我們要向儒家學習，學的是什麼？難道是要背四書五經準備上京趕考，或者穿上漢服祭孔？當然不是。我們唯一可以做的，就是理解儒家的人生哲學，知道什麼叫君子人格，把它作為我們自己過好這一生的精神資源。

誰是最「愚昧」的人？

越是在現代自由社會，服從，特別是服從專業知識共同體，反而越成了一種重要的能力。

這一篇的話題有點奇怪——誰是最愚昧的人？知識越少越愚昧，一個人的愚昧程度和他掌握知識的量肯定成反比，這是我們的共識。

我們先來看一個事實。在美國，很多父母不願意給孩子打疫苗。為什麼呢？打疫苗不是有助於孩子健康嗎？原因很複雜，最開始是因為一九九八年，著名醫學期刊《柳葉刀》刊登了一期文章，提到接種麻疹、腮腺炎和風疹疫苗的混合疫苗，也就是「麻疹腮腺炎德國麻疹混合疫苗」可能引發孩子患上自閉症。

這個結論嚇到了很多人。這篇文章的作者叫韋克菲爾德。文章發出來後不久，科學家發現這個研究有漏洞，結論站不住腳。六年後，也就是二〇〇四年，《柳葉刀》撤下了這篇論文，韋克菲爾德本人也出來跟大家道歉、承認錯誤，他本人甚至還被英國吊銷了行醫資格。

可以說關於疫苗有危害的言論，到這兒算止住了，隨後科學界、政府不斷發表聲明，告訴公眾疫苗是安全的，對孩子好，一定要打。

麻疹是一種急性呼吸道傳染病，兒童極易受到感染。麻疹的傳染性極高，傳染能力是SARS的四倍。感染之後，引發的很多併發症甚至可能致死，比如肺炎、腦炎。尤其是一種亞急性硬化性全腦炎，孩子一旦得上，無藥可救。

這時奇怪的現象出現了，在我們的印象中，沒受過教育的人，肯定更多疑、更容易抵制疫苗這種現代化的技術。但現實恰恰相反，帶頭抵制疫苗的人，不是那些文化水平低、沒接受過太多教育的小鎮、鄉村的家長，反而是有一定知識水平的家長。

為什麼呢？因為對於這些小鎮、農村、沒有受過教育的家長，公立學校有要求，孩子必須打疫苗才能上學，那就打疫苗吧。

而受過更多教育的家長，這些父母不是醫生，他們的教育水平不見得多高明，但剛好足夠讓他們有自信去挑戰醫學共識。

違背常理的現象出現了：受過教育的父母作的決定比那些沒上過學的父母更糟糕。受衝擊最嚴重的是英國，麻疹腮腺炎德國麻疹混合疫苗的接種率從92％跌落到不足80％。麻疹病例從一九九八年的五十六例，增加到二〇〇八年的一千三百四十八例，而且這一年有二個孩子因此死亡。

這還不是小範圍的問題，全世界著名的窮國，盧安達、斯里蘭卡這些地方，幾乎每個人都打了麻疹疫苗。而在美國、法國、英國這樣的發達國家，疫苗的接種率反而非常低。

我們來看一下時間線，二十世紀六〇年代科學家就發明了麻疹疫苗，中國是一九六五年開始使用麻疹疫苗。雖然《柳葉刀》一九九八年發表過一篇錯誤的論文，作者二〇一〇年已經被吊銷了行醫資格，但二〇一九年美國未接種疫苗的兒童數量仍越來越高，幾乎是二十年前的四倍。

很荒謬，幾十年前就找到了根治這種疾病的解決方法，但卻控制不住。不僅是麻疹疫苗，在全球範圍內，五分之一的兒童由於家長不願意，而無法獲得常規的免疫接種，每年有一百五十萬兒童因為這種極其荒謬的原因死亡。為什麼？因為他們的父母有點教育背景，有點對抗的自信，因為他們的一知半解。

我看到一本書，叫《專業之死：為何反知識會成為社會主流，我們又該如何應對由此而生的危機？》，這書裡就談到了一知半解的人會遇到的麻煩。當然，它主要說的是美國的情況。

美國確實是一個重視個性自由的國家，比其他西方國家更推崇抵制知識權威。十九世紀初，法國思想家托克維爾到美國轉了一圈回來說：「每個美國人都只相信自己的理解和判斷。」這看起來不錯，人人平等，但是這種意義上的人人平等，也很容易被當成是人人的知識水平相等。大家平等，你對我也對。

這是一個非常危險的推論。為什麼？因為這句話，不是在爭言論自由，這是在否定人類社會繁榮的基本前提，那就是社會分工。

社會分工，其實就是專業知識分工。你懂一部分，他懂一部分，大家通過市場交換和彼此服務來共享知識。這就需要一個默契，每個人都得服從專業權威。進醫院就聽醫生的建議，上飛機就相信飛行員和航空公司，在超市就得相信這些商品都是合格的，有人把過關。如果不服從這些專業權威，在現代社會事實上就沒法生存。

但是在網路時代，這個權威出了問題。

一方面，每個人都可以聲稱自己是權威，或者顯得像是權威。平等確實是更平等了，但是魚目混珠的事就在所難免了。

更要命的是，假權威即使被揭露，整個社會也沒有任何辦法徹底消除他的影響。

就以韋克菲爾德為例，他發表的質疑疫苗會引發自閉症的論文，惹出了大亂子。後來甚至有材料證明，他發表那篇文章其實接受了一些資助，想幫助原來就有自閉症的孩子，賴上疫苗公司以此獲得賠償。雖然這種醫生因為道德品質問題被吊銷了行醫資格。但是就這麼一篇論文，一旦發表出來，就嵌入了網路知識世界，像病毒一樣，迅速地自我複製、傳播、變異，就像從瓶子裡放出來的魔鬼，任科學家、雜誌、政府怎麼聲明、強調、以正視聽，對不起，再也收不回去了。很多一知半解的人只是模模糊糊地知道好像有這麼一篇文章，好像說疫苗有害，所以不讓自己家孩子打疫苗。這種影響遍及整個社會的每個角落，不知道要花多少成本才能清除掉這個影響，甚至可能永遠清除不掉。

回到一開始問的問題，這個世界上誰是最「愚昧」的人？不是沒有知識的人，而是一知半解、有一點知識，足夠感染到這些網路知識病毒，但是又沒有足夠的知識可以消毒的人。

這說的是誰啊？我們每一個人其實都在這個處境中。對於外行的知識，我們每一個人都是這種病毒的易感染者，因此我們每個人也都處在「愚昧」的邊緣。

那怎麼破呢？

越是在現代自由社會，服從，特別是服從專業知識共同體，反而越是成了一種重要的能力。

比如，小時候背乘法口訣表，該背就得背，沒有什麼可討價還價的；做算術題，先做乘除再做加減，就得按照這個順序，沒有什麼好創新的；買了ＩＫＥＡ的家具，回家你就得按照說明書上的順序安裝，沒有什麼好質疑的；進到一家公司，先研究明白什麼是這家公司絕對不允許的，照著做就好了，沒有什麼好不服的；入伍當軍人，就是美國西點軍校，前三年也要學會凡事說「Yes, sir」，心裡再想當領導，也得先學會服從。服從，是在現代社會和他人協作的前提。

一位醫生朋友跟我講，行醫生涯中最好的病人，就是有服從力的病人，這種人嚴格遵守醫囑，讓吃藥就吃藥，讓節食就節食，讓鍛鍊就鍛鍊，特別有自制力。這樣的人，醫生最能夠幫到他。其次，反而是沒有什麼知識的病人，雖然他理解力不強，自制力也不強，但好在聽話。最糟糕的病人，就是學了一腦子通過搜尋引擎得來的知識，醫生說什麼他都能有理有據地抬槓，醫生說什麼結論，都給一個懷疑的神色。醫生都幫不了的人，豈不就是這個時代最愚昧的人嗎？

達爾文說過一句話：「無知要比知識更容易產生自信。」

如果我在自己的非專業領域，突然出現了某種自信，甚至這種自信還有一點知識的基礎，那就得警惕了，我是不是正站在愚昧的懸崖邊緣？

認識什麼是「邊緣突破」？

在技術發展的過程中，經常出現類似的現象。原來很邊緣的技術和工作，因為各種機緣巧合，最終成為了整個協作網路的中心。

我一個朋友的孩子，大學選的是財務專業，總抱怨說自己的行業沒有意思。我問他，你難道沒有注意到一個現象，很多大公司的CEO都是財務出身？為什麼？

公司小的時候，業務人員才是核心。但是等公司壯大後，具體業務的重要性就會下降，資本運作的重要性會上升。這個時候財務專業的人，就有機會成為公司的核心。

這個現象，就叫「邊緣突破」。

我們再來舉一個例子。提起工程師、程式設計，我們一般都覺得這是理工男的天下。這個行業裡的大神，比如微軟之父比爾・蓋茨、Java之父詹姆斯・高斯林、C語言之父丹尼斯・里奇，等等，各種「之父」，一位女性都沒有。

但是在前不久，美國媒體「iTworld」組織了一個評選，選出了還在世的「世界上最偉大的工程師」。榜單第一名，居然是一位女士，名字大家可能不太熟悉，叫瑪格麗特・漢密爾頓。

在二〇一六年十一月，美國總統歐巴馬最後一次頒發的自由獎章的名單裡，就有瑪格麗特。要知道自由獎章可是美國公民能獲得的最高榮譽，和瑪格麗特同台領獎的，都是比爾・蓋茨、喬丹這樣的人物。

瑪格麗特獲得這些殊榮的理由是，在當年的阿波羅登月計畫中，她作出了巨大的貢獻。

說到這兒我們通常都會認為，瑪格麗特在阿波羅登月計畫裡，一定是身處核心要職，表現突出。但其實這話只對了一半：表現突出不假，但她並非身處要職。怎麼回事呢？

瑪格麗特加入阿波羅計畫的時候，恰恰是被安排到了一個最無關緊要的部門，這個部門被邊緣化到什麼程度？人們給它起了別名叫「forget it」，就是「忘了它吧」。

這個部門的職責，是制訂任務失敗後的備用方案。具體工作就是通過電腦程式設計、寫程式，做一套應急預案，一旦太空船出現問題，就馬上啟動這套應急機制。

這聽起來是一項很重要的工作，阿波羅計畫這麼嚴謹的項目，萬分之一的失誤都不允許。為什麼當時人們會把後備計畫看得這麼無關緊要呢？

原因很簡單，當時的技術有限制。電腦的儲存空間和運算能力都非常有限，好鋼當然要用在刀刃上，所以電腦的所有性能，幾乎都孤注一擲，用在了必須成功的主要方案上。備用方案，只是大家的心理安慰，聊勝於無而已。

但是瑪格麗特不服，既然分到了這個任務，她就一遍又一遍地模擬太空船的飛行狀態，排查其中的漏洞。最後果然被她發現一個大漏洞。簡單地說就是，假如在飛行過程中，有人不小心按下了某一個按鈕，就會使得飛行系統直接崩潰。當然前提是飛行員自己按錯了，這個漏洞才會被激發。

但話說回來，阿波羅計畫的飛行員都萬裡挑一，哪會輕易犯這種「手滑」的低級錯誤呢？上級也沒太重視瑪格麗特的發現和提議。

但萬萬沒想到，在阿波羅8號環繞月球飛行的時候，還真就有一名太空人手滑，按下了這個不該按的鍵。

這簡直就是一道青天霹靂。

我們可以想像一下那個場景：登月計畫辦公室裡，系統崩潰，所有的飛行數據全部被清空，太空人能不能活著回來都是個未知數，所有人都緊張到了極點。

這時，瑪格麗特神兵天降，帶領著手下的工程師經過九個小時的奮戰，把所有的數據搶救回來，阿波羅8號才平安返航。後來的阿波羅11號，也出現了危機，瑪格麗特再次化險為夷。也許我們會說，這只是一個小概率事件，一位女工程師偶然走到了舞台中央。並不是如此。如果考察人類電腦發展的歷史，我們會發現，那個年代的傑出工程師是位女性，其實是必然的。為什麼？

因為在電腦早期的發展歷史上，工程師是一個標準的淑女職業。當時的電腦，可沒有硬碟，儲存數據、編寫程序都是靠一張張的打孔卡片——有點像我們現在考試用的答案卡，通過讓電腦讀取卡片上的孔洞，來輸入指令。

在卡片上打孔的行為，其實就是最初的程式設計，這些帶孔的卡片就是最早的程式代碼。

這種精細的手工活，就需要操作者非常耐心和細心，第一代的工程師，全都由女性擔任。

即使到了瑪格麗特的年代，工程師也是女性從事的職業。只不過當時進步了一些，是由一群精於針線的姑娘，把銅線纏在線圈上，來實現程式設計。當然具體怎麼操作，我們就不多解釋了。

總之，在電腦誕生初期，程式設計其實是一個比較邊緣和下游的手工勞動，並不像現在這樣，居於整個產業的核心位置。

早期第一批女性碼農的工作照，是一群穿著連衣裙、頭髮紮起來的年輕姑娘，像學生上課一樣在辦公室裡排排坐，給手裡的卡片一點點地打孔。

這個場景是不是有點似曾相識，有點像服裝廠的流水線，一群縫紉工人在操作縫紉機。其實這種通過卡片打孔來輸入指令的技術，最早還真就起源於紡織業。

最開始是在十九世紀初，一個叫約瑟夫的法國人，發明了用打孔卡片來控制織布機的技術。每個孔洞對應一根針，通過變化卡片上的孔洞，來控制織出的圖案。這個技術一直流傳到電腦出現，應用到了編程上。

一個非常邊緣的技術，居然會成為下一個時代最核心的技術基礎，誰能想得到呢？

其實，也不光是工程師，在技術發展的過程中，經常出現類似的現象。原來很邊緣的技術和工作，因為各種機緣巧合，最終成為整個協作網路的中心。這種現象，我們稱之為「邊緣突破」。

問題本身不是目的，
而在於梳理一個參考標準。

工具產生的真正意義

有的工具，是對人現有力量的強化、延伸，最受歡迎。有的工具，看起來不是那麼有力量，但是它能給人觀察世界增添一個維度。

這一篇我們先從測謊機說起。測謊機的原理很簡單，就是用電極測一個人的植物神經系統反應，監測心率、出汗情況、皮膚的電反應，間接推導他是不是在撒謊。聽著很高科技，但是實際上，這個邏輯鏈條很有問題。

第一，測謊機在監測生理反應上，肯定是可靠的。因為植物神經系統的反應幾乎不受人類理性控制，如果沒有經過專業的系統訓練，一般人控制不了這些反應。

但是，第二，通過出汗增加、心率加快來判斷一個人的情緒，就沒那麼可靠了。為什麼？因為存在個體差異。撒謊之後，每個人的心理反應不一樣，有的人害怕，有的人內疚，還有的人是得意，是得手後的快感。就算同樣是害怕，每個人的生理反應也不一樣。測謊機測出來的結果，沒法精準對應到人的情緒上。

我們再想第三層，就算測謊機能夠判斷出這個人是不是恐懼，又能說明什麼呢？他可能只是害怕被人以為是撒謊而已，單憑測謊機是測不出謊的。

測謊機的這些缺陷，不僅我們知道，用它的專家更知道，而且知道得更清楚，那為什麼他們還要用呢？因為他們還有其他方法。比如測謊專家給你綁上測謊機之後，還會提一個很刺激的問題。比如說，想要確認一個人有沒有竊取公司的商業機密，他們測謊時會加進參考問題：「你過去十年有沒有未經允許從公司拿過辦公文具？」換句話說，有沒有在辦公室小偷小摸過？

問這個問題本身不是目的，而是樹立一個參考標準。這個問題加進來之後，會產生什麼效果？真犯罪的人，對這個問題反應比較小，畢竟只是小偷小摸嘛。而對竊取商業機密呢，生理反應就會比較大，因為那是要坐牢的。那些無辜的人呢？他們的反應會正好相反。反正我沒有竊取過商業機密，但是在公司小偷小摸這種事名聲太不好聽了，他們會更憤怒。

即使同樣是恐懼或者憤怒的反應，加進來這個參考問題之後，就比較容易鎖定那個撒謊的人了。測謊專家經常用的另一個方法，是提一個只有作案人才知道真相的問題。還是用剛才提到的商業機密失竊的例子，測謊專家會問：「保險櫃密碼是123，是不是？」密碼確實就是123。不知道密碼的人，是什麼數字，他都是一個反應。知道這個密碼的人，聽到這個數字和別的數字時，反應當然就不一樣，這也可以幫助鎖定撒謊的人。

關於測謊機的運作機制，可以幫助我們理解人和工具的關係。

過去，我們往往以為，工具就是替代人的一部分功能，提高人在某一方面的能力。比如，弓箭就是對人手的延伸，讓我們可以夠得著遠處的獵物。汽車就是人腳的延伸，讓我們可以跑得更快。而對那些不能馬上有效提高我們某一方面能力的工具，我們總是將信將疑。比如測謊機，它本身有邏輯缺陷，並不能測出謊言，很多人就會懷疑它的作用。

但是，從我們剛才講的那些方法中，可以看得出來，測謊機並不是用來測謊的，它實際上只是彌補了人觀察世界的一個維度。說白了，它只是畫了一道輔助線。真正的測謊，仍然是人和人之間的博弈。對人來說，有沒有這道輔助線的幫助，那差別可就大了。

工具的作用其實是可以分成兩類的。

有的工具，是對人現有力量的強化、延伸，最受歡迎。有的工具，看起來不是那麼有力量，但是它能給人觀察世界增添一個維度。哪一種工具更有用？就比如說，一個馬上就要上陣打仗的將軍，現在有兩個選擇，第一是增添一千人的兵力，第二是有間諜告訴他昨天晚上敵方的將軍在帳篷裡對話的內容，要選擇哪個？當然是第二個更有用。它並不明顯增強力量，但是它多了一個感知戰場的維度。

再比如二〇一五年，人類首次觀測到了重力波。它為什麼讓全世界的科學家都那麼興奮？重力波本身很小。單擺浮擱地看，它沒有什麼意義。但是從科學家的角度看，這是人類在電磁波之外，多了一個感官，多了探查宇宙的一個維度。就像一個盲人看到了世界，能不興奮嗎？這件事之後，馬上就有人預期，人類會迎來一個宇宙學發現大爆發的時代。

再舉個例子。移動通訊的速度一直在提升，從2G、3G到4G。5G時代也已經來臨了。跟現在的4G比，5G手機的網路速度會增長幾十倍，一秒鐘的下載速度能達到一個多G。

那這有什麼用呢？很多人會說，會不會用手機看影片更快了？或者手機流量的費用會不會下降？對的，這都是現有維度的延伸，但無法預見5G的真正價值。

要想知道5G的真正價值，回頭看4G時代就清楚了。

當時從3G提升到4G的時候，也是很多人說，手機可以看電影了等等。但是回顧過去這幾年，真正的價值是在這兒嗎？不是。4G真正成就的是行動支付。只有這麼快的傳輸速度，才會掀起微信搶紅包的熱情，才會更方便用行動支付買東西。行動支付在中國的大爆發，對中國商業的推動，相比於用手機看電影這事就重要得多了。

技術的演進，不是單維度地增強人的力量，而是在出其不意的地方，在其他維度上對我們猛推一把。5G移動通訊一旦商用，可能會讓物聯網變成現實，可能會大大加速自動駕駛時代的到來，可能讓人工智能真正大爆發。只不過，我們現在還沒法預測。

現在大家討論得很熱的區塊鏈技術也是一個例子。已經成熟的區塊鏈應用，就是比特幣，還有其他這幣那幣，各種投機者開始聚集。冷靜的旁觀者很容易得出一個結論，區塊鏈技術不可靠，除了讓投機者得逞，沒有什麼現實的用處。但是，我既不會參與區塊鏈的投機，也絕對不敢小看區塊鏈的未來。為什麼？因為從今天我們講的任何工具之間的關係，可以得知，一項新技術的出現，在已經看到的維度上，它可能作用不大，甚至是亂象叢生，但它總會繞到你身後，在一個現在還不知道的地方，在一個全新的維度上，洞開一個巨大的機會。雖然，我們還不知道這個機會具體是什麼，但是我們能不瞪大眼睛、聚精會神地觀察它嗎？

人的認知越提高，經驗越豐富，
越會發現自己的認知越來越不夠用。

我們不是要通過提高認知來更好地行動。
我們是要在承認自己認知有局限的前提下，
更有效地行動。

意義煉金術

意義這玩意兒，它本身不能用理性來考問。意義的價值，是為我們排除了大量的不確定性，讓我們開始行動。

我們這代人，有一個很普遍的症狀——害怕意義，從心底裡排斥意義。為什麼？我們從上學開始就被籠罩在宏大敘事中。讀書這麼一件簡單的事，也要賦予它很宏大的意義，比如為中華之崛起而讀書。這本身當然挺好，但是，如果環境裡意義的濃度實在太高、意義超載，在青春期的時候，難免產生逆反情緒，我們這代人都是這麼過來的。

比如，當年風靡一時的王朔的小說，對我們這代人影響很大。它的特點，就是嘲笑一切意義，解構一切宏大敘事。長大以後，我們這代人身上就有很多共同點。比如大量的人害怕在正式場合講話，其實不完全是表達能力的問題，這也是在逃避意義。很多人一遇到當面、公開的誇獎，就會覺得渾身不自在，這也是害怕意義的一種表現。

在社會層面這種現象就更多了。比如郭德綱說過一段話：「沾酒不醉是喝得少，見色不迷是摸不著，以德服人是打不過，淡泊名利是實在沒有招兒。」確實，如果用純粹的、理性的實用精神來看，任何意義都禁不住推敲，你們堅持意義就是你們裝、你們虛偽。

有一次，一個很有名的朋友跟我在閒談中說了一句話，說：「愛情是什麼？愛情不過就是雌性哺乳動物尋求安全感的幻覺。」當時我真覺得過癮，一針見血，刺破了那些虛妄的東西，我們這代人經常沉醉在這種意義被拆穿的快感中。

我們似乎傾向於過那種更接地氣、趴著的、縮著脖子的生活。我們害怕意義，也就是害怕犯傻。好像否定了虛妄的意義，我們就能擁有一種更理智、更接近世界真相的生活方式。

「意義」有什麼價值？回答這個問題就要回到人基本的處境裡來看了。

我們人認知世界的根本難題是什麼？是訊息不足？是理論不好？是個人水平不高？都不是，高度的不確定性才是根本難題。

人的認知，不是一個擦玻璃的過程，玻璃擦得越乾淨、汙點越少，看得就越清楚。正好相反，人的認知越提高，經驗越豐富，我們越會發現自己的認知越來越不夠用。比如和誰談戀愛？該找什麼樣的工作？該出國留學還是留在國內？這樣的問題，你認知水平越高，越知道這些事沒有那麼簡單。認知不足這件事，不是一個可以解決的問題，這是人類的永恆困境，水平越高越覺得認知不足。

那怎麼辦呢？難道永遠去尋找更好的認知辦法嗎？不是，人類得行動。一天不行動就可能餓死，這才是我們真正的生存難題。

問題倒過來了。我們往往不是要通過提高認知來更好地行動。我們是要在承認自己認知有局限的前提下，更有效地行動。怎麼行動呢？這個時候，意義就出場了。

意義不是別的，就是一個約定。因為有了這個約定，才可以開始行動，這就是意義的價值。

這話聽著費解，舉個例子就明白了。比如兩個人下象棋，馬走日，象走田，這是約定，沒有什麼道理。承認這些約定，這個遊戲才能繼續。如果非要追問，馬為什麼非要走日？為什麼非要拐馬腳？這是不是糊弄人？不好意思，這不是在追問真理，是在破壞一個約定，是在破壞這個遊戲，是在破壞我們所有的行動。

再比如說愛情。我和一個人宣布互相之間有愛情，結婚。這就是一個約定，這不是真相也不是真理。我們按照這個約定的內涵，彼此忠誠、彼此照顧、互相對對方好，我們才能正常生活。如果非要追問，這個愛情到底是什麼，存在不存在，幾分真幾分假，那不是在追求真理，這是不想好好過日子。

宗教也是，天上是不是真有神靈，對人類的生存和行動來說，其實沒有那麼重要。重要的是，我們大家都相信舉頭三尺有神明，死後好人上天堂壞人下地獄，有了這些約定，我們就可以組成有效合作的社會，這才是宗教的價值。

意義不是每一個人內心裡願意相信什麼，它不是個體現象。意義是一個網路現象。它是人和人之間的主觀約定。信了，就參與到這個網路的社會合作裡來；不信，不是更接近真理，這是主動把自己從社會網路裡給開除了。

我自己就有一個切身的教訓。

有一年，我報名參加了一個商學院的課程，很多創業者在一起學習。這個商學院的開學典禮，是到敦煌的戈壁灘上徒步。老師說，在戈壁上每天走上幾十公里，接受極端環境的挑戰，這是我們學習生活的開始，當然話術裡面有很多打雞血的成分。

我當時的想法是：又想給我洗腦了。我是自由主義者，我很理性啊。我怎麼能主動給自己打雞血，讓自己沉浸到虛幻的體驗裡呢？我就真的沒去這個開學典禮。

我迴避了一次虛幻的、憑空強加給自己的意義塑造過程，但是與此同時，我也錯過了一次和同學作約定的機會。去參加開學典禮、參加戈壁徒步的同學，在整個學期中，他們很信任彼此，至少他們更有話題可以聊，他們有共同的段子和笑料，因為那段經歷肯定不尋常。我卻被孤零零地排除在這個意義網路之外。我堅持了所謂的理性客觀，但是我喪失了深入行動的能力，這就是那一天我解構意義的代價。

往大了說，工業時代給我們植入了一個很深的誤解。我們都以為有正確的認知，才會有正確的行動。一座大橋不按圖紙施工能行嗎？一架機器，零件安錯了，質量能不出問題嗎？認知是根本，行動是認知的附屬品。

但是，只要把視野放寬一點，我們就會發現，不管是個人做出事業，還是整個人類累積出文明成果，都不是正確認知兌現的結果，而是在一堆胡亂的意義中瞎打誤撞的巧遇。

我們看今天的生活：

一個人努力工作，也許只是為了能買得起下一款Apple手機。一個人開始創業，也許只是為了氣死那個曾經看不起他的人。一個科學家有重大發現，也許只是為了證明上帝的偉大。

這個過程，叫「意義煉金術」。

煉金術是什麼？是典型的謬誤啊。因為煉金術相信世界存在因果關聯。只要找到了一個方法，就能把賤金屬變成貴金屬，或者是把平常的材料變成長生不老的靈丹妙藥。這本身當然是胡扯。

但是，無論是中國的火藥，還是西方的化學，都誕生於煉金術師的手。你看，即使是這麼典型的謬誤，也不是全無收穫。甚至可以說，沒有這種謬誤，我們就會一無所獲。

用「煉金術」這個比喻，讓我們重新來看看意義的價值。

意義這玩意兒，它本身不能用理性來考問。意義的價值，是為我們排除了大量的不確定性，讓我們開始行動。

就像在醫院裡經常看到的場景。在醫生看來，一個病人已經沒有治療的可能了，這是從科學上講的，從理性上講的。但是家屬還是在求醫生做最後的努力。如果要問家屬為什麼做出這麼不理性、不科學的要求，他會說，這是我親媽啊，我當然要救。

這就是基於意義的行動。在這個場景下，醫生和家屬，他們的區別是什麼？醫生是作出基於理性的判斷，這經常導致我們放棄行動；家屬是基於意義進行判斷，這經常會讓人作出超常的努力。人類的文明也好，個人的業績也罷，是建立在放棄上的更多呢，還是建立在非理性的、超常的努力上的更多呢？

我不是想勸大家一定去相信什麼意義，但是至少，在看見別人沉浸在某種意義中，超常努力的時候，我們心裡得清楚：那是煉金術。不要看他的理由是不是謬誤，等著看他的結果。

認識「意義」的價值

認知能力低，其實並不是災難。真正的災難，是我們無法屏蔽鋪天蓋地的大世界原本的複雜性，從而陷入無法行動的處境。這個時候，如果心中有意義，就會幫你屏蔽大世界的複雜性。

有一本神書，叫《有限和無限的遊戲》，作者是哲學家詹姆斯．卡斯。這本書裡提出，人類有兩種遊戲方式，一種是有限遊戲，比如下棋、戰爭。有限遊戲就是有明確邊界，有開始、有結束的遊戲。

但是，世界上還有另外一種遊戲，是沒有邊界的，什麼意思？就是一個遊戲玩著玩著，它可以變成另一個遊戲，這叫「無限遊戲」。比如人生，活著活著就發現自己面對的任務不同了，人生的意義也不同了，做的事也不同了。

比如商業，一個人要是創辦過一家公司就會發現，做著做著規模也變了，對手也變了，員工也變了，市場也變了，甚至行業本身也變了。這種遊戲，沒有最終的輸贏，本身的目的就是把遊戲持續下去，這叫「無限遊戲」。

這兩個概念，我們可能早就知道。但是這個世界上真有所謂的有限遊戲嗎？我們會發現，無限遊戲才是世界的本來面目。這個世界本來沒有什麼邊界，所有的有限遊戲，都是人為設定出來的規則。不論是下一盤棋，還是考一場試，它的邊界其實是我們約定的，是假的。在真實世界裡，棋輸了可以再來一盤，考試沒考好，也可以再考一次。本質上，只要玩家活著，遊戲是可以一直進行下去的。

那就奇怪了，人為什麼非要強行設定出遊戲的邊界，製造出這種有限遊戲呢？

就比如說，我們聽故事，到結尾的時候往往說：從此王子和公主幸福地生活在一起。我們也就幸福地合上書，安心睡覺去了。但是只要稍稍調動生活經驗一想就知道，怎麼可能？王子和公主只要不死，他們的生活肯定會出現各種各樣的意外，故事是不會結束的，這是無限遊戲。但是偏偏，我們人類就是喜歡故事這樣結尾。不覺得奇怪嗎？

這就要說到我們這一篇的話題——意義的作用了。意義的價值，就是設立一個邊界，將所有的無限遊戲，切割成一個個讓我們能行動的有限遊戲。一件事有了意義，它就成了一個獨立的小世界，周邊的大世界就和它無關了。人就可以在這個假想的，甚至是謬誤的小世界裡展開行動。換句話說，因為意義的存在，這個世界的大量複雜性就被屏蔽在外了。

舉個例子說，哥倫布發現新大陸，其實就是因為他犯了幾個錯。

首先，哥倫布數學太差，他計算出來的地球周長只有地球實際周長的八分之一。

其次，哥倫布的目標本身就是錯的，他要到印度，他也以為自己到了印度，但實際上是到了美洲。

在哥倫布率領船隊出發的時候，他的目標是錯的，假設也是錯的，動機也談不上多高尚。他是被自己假想出的一套錯誤的意義，封閉在一個小世界裡。但問題是，只有他這麼封閉一下，他才有勇氣去行動。如果他知道距離比他想像的要遠得多，到達的地方，也不是想像中遍地黃金的印度，而是一片荒原的美洲，他還會去嗎？

說到這兒，一個奇怪的事情出現了。

我們這代人一般都以為，有了正確的認知，才能做正確的事。但是實際情況正好相反，在很多情況下，如果你的認知正確，你是什麼也做不成的。

以創業為例，都說創業九死一生。不說別人，就說我自己，如果幾年前，我要是知道這個過程這麼艱難，這麼折磨人，如果我一開始就對創業這件事有那種既正確又全面的認知，可能我就不會開始這次創業。

如果一個人的認知水平很高，他會發現，成功的概率幾乎等於零。很多事都是這樣，如果一開始就未卜先知地知道了整個全域，一個理智的人，一開始就會放棄了。

那為什麼沒有放棄呢？因為無知，因為謬誤，因為我們在開始做這件事的時候，用一個虛妄的意義騙了自己。

意義是什麼？說到這裡它逐漸呈現出來了。意義是把世界變小的那些牆、那些籬笆，讓我們只看到眼前這一點點的世界、一點點的誘惑後，信心滿滿地出發了。它替我們遮蔽了漫天遍野的不確定性，讓我們在無知中就開始行動。

如果一個人特別喜歡思考人生，那他能得到的最準確的認知是什麼呢？其實就是人一定會死亡。如果一直保持絕對的清醒，我們會意識到，不管怎麼努力，最後也會死，終究是一場空，那我們還會努力嗎？如果真這樣想，這就是抑鬱症的典型症狀。

有一次和一個有抑鬱症傾向的朋友聊天，那位朋友說了一句讓人非常震驚的話。他說，我現在最羨慕的是那種賣腎買iPhone的人。這個朋友說：「很多人覺得這樣的行為不可思議，但我特別希望自己能為了某個東西不惜傷害自己的身體，甚至付出一切代價去實現自己的目標。我現在有抑鬱症的傾向，我現在最大的悲哀是看不出有什麼值得我全力以赴的事情。」

因此抑鬱症也獲得了一個稱號：獲得性意義系統喪失綜合症。很多有成就的人都深有體會的是，他們剛開始做一件事情的時候，衝刺的目標，往往又小又擺不上檯面。但是這個目標促使他做了一些事，有了一些副產品，有了一些意外的收穫。在這些收穫的基礎上，他發現原來可以做更多的事情，可以去實現一個更大的目標。就這樣，他用一步步行動的副產品，這些意外收穫，累積起成就。

很多成功者最後總結，說我能做成都是因為運氣。這是實話，但這句實話背後也隱藏了一種力量，就是意義限制了他的世界，從而給他帶來行動的勇氣。廣闊世界的大門，是一步步推開的。意義是一次次蛻變、一次次昇華出來的。

中國有一個經典的民間故事，很好地說明了這一點。

從前有個財主，他有幾個非常懶惰的兒子，雖然他有很多地，但沒有兒子願意播種，地全部荒著。後來，財主臨死之前告訴兒子：「你們好吃懶做，將來生活沒著落要餓肚子，我提前埋了一筆財寶在田裡，但我忘記埋在哪兒了，你們把它刨出來，將來生活就有著落了。」這些從來沒幹過活的兒子，每天揮汗如雨地在土地裡翻找這些財寶，直到把地都翻了一遍，也沒找到什麼財寶。

看著被刨過一遍的地，幾個兒子決定乾脆種上糧食吧，要不然地也白翻了。到了這年秋天糧食豐收，財主的兒子們才意識到他們的父親說的財寶其實就是這些糧食。

這是一個很好的隱喻。我們每一個人本質上都是這些懶惰的兒子，被一個虛妄的東西指引，才能開始做真正有價值的事情。

我們回頭再來看意義這件事。它不是表面看起來的迷夢，它也不是別人給我們設的一個騙局，它是我們人生的必需品，它是我們認知的替代品，它是我們一刻也不能缺的行動拐杖。

未來不迎，現在不雜，過往不戀。表面看，這句話沒毛病，就是說要專注於當下。

但是細想，一個人既不看過去，也不看未來，只專注當下低頭拉車，這不是我們一直力求避免的狀態嗎？這不就是盲人騎瞎馬，夜半臨深池？兩邊都不看，你能走對路嗎？什麼都不看，曾國藩怎麼還會把它看成是很好的認知策略呢？

這一點，從中國古人的用詞上就能得到解釋。比如，有一個詞叫「猶豫」。「猶」，指的是過去；「豫」，指的是未來。「猶豫」就是指這樣一種狀態，既惦記著過去的事情，還想著未來的事情。看起來想得很全面，但因此前怕狼後怕虎，既患得又患失，什麼都做不了。

所以說，認知能力低，其實並不是災難。真正的災難，是我們無法屏蔽鋪天蓋地的大世界原本的複雜性，從而陷入無法行動的處境。而這個時候，如果心中有意義，就會幫我們屏蔽大世界的複雜性，這就是意義的價值。

迷信有什麼用？

認知複雜性是一個不能縱容的壞東西。對付它的辦法有兩個：第一，升級認知，用你的智慧把握它；第二個方法恰恰相反，縮窄認知，用一個迷信屏蔽它。

不知道大家有沒有覺得奇怪——迷信，它之所以是迷信，當然就是因為不管用嘛。但是不管用的東西，為什麼還能成為人類長期保存下來的某些問題的解決方案呢？

比如生病，有的人迷信吃香灰、拜菩薩，這當然不能治病，可為什麼歷史上還有那麼多人持之以恆地吃、持之以恆地拜呢？按說這不管用，有人吃後還病了，甚至死了，這個教訓怎麼就不能被吸取呢？

要知道，根據事實來調整我們的認知和行動，這不只是人類的能力，這幾乎是所有動物的本能。貓抓老鼠，老鼠往左跑，貓也往左撲，老鼠轉個彎，貓也要跟著轉彎。貓要是不根據事實來調整動作，就得餓死。

但人類在迷信這件事上的邏輯就很奇怪了，一件事不能被驗證，甚至總有相反事實發生，但人就是堅信不疑，還代代相傳。為什麼？當然要給出偷懶的解釋，就是愚昧。那好辦，可以靠說服教育，提高科學認知水平，就能祛除愚昧。

但是我們都知道，這是一個偷懶的結論。任何一件在人類社會長期存在的事情，如果我們只看到了它的不合理性，那就意味著，也許我們的思考角度不對，沒有看到它合理的地方。迷信為什麼能長期存在就很奇怪。

事實上，迷信不僅僅是一種認知，迷信還是一種策略，它是人應對複雜狀況的一種特殊手段和策略。舉個例子，比如在專業的足球賽事裡，就有很多迷信行為。研究表明，越是足球強隊，往往就越是迷信。有的球員愛反穿襪子，有的球員喜歡嚼草坪上拔下來的草，有的球員堅持十一年不換護腿板，還有的球員堅持不在比賽前唱國歌等等。這些奇怪的行為不是個人怪癖，它們背後都有一個動機，這些球員都相信，這麼做會保佑他們進球。

這麼做當然不能保證進球，可為什麼他們還這麼做呢？足球比賽是一個高度複雜的、不確定的博弈環境。一個球員上場了，就是把自己扔到了一個無邊無沿的複雜性海洋中。球場上的任何一個變化引發的其他影響，都無法計算，無法預料。比如對方進了一個球，我方隊員就都慌了。這不是我預料中的事，我方的行為就越來越混亂，我方的認知就出現了嚴重的熵增，變量時時刻刻在增加，而且是幾何級數地增加，最後落實到我方的行動上，那就是越打越亂，越打水平越低。

這個時候，需要的是什麼？是避免熵增，說白了，就是避免認知複雜性持續地呈幾何級數增加。需要有一個攔住更多認知複雜性的邊界，最好的邊界就是迷信。比如「因為比賽之前我做了祈禱，換了我五場勝賽中穿的那雙襪子」，這種做法看上去是非理性的，但如果作為球員，在場上能確信這麼做有力量，就阻斷了他認知和行為的複雜性災難。

這麼說，還有點費解。舉個生活中的例子。比如，讓我走在一個懸崖峭壁上，路大概有兩公尺寬，兩邊都是懸崖。我敢走嗎？不敢。但如果在平地上，給我畫出一個兩公尺寬的通道，我走過去沒有任何問題。但是如果通道兩側是懸崖絕壁，影響我的不是路本身，也不是我的行走能力，而是我的認知。我的認知中會出現大量的複雜性和熵增，堵在我大腦裡。思考的不是怎麼走，而是掉下去怎麼辦，想法一旦多了，就沒有辦法走了。

這個時候怎麼辦？給兩邊加上圍欄。兩公尺寬的路，加上圍欄，我也不用扶。它沒有起到任何實際上支持我走過去的作用，它只是給我的認知劃了邊界，有了這個邊界的存在，我的認知複雜性就大大降低了，我就不怕了，走得也就穩了。

這個圍欄，我也沒有扶它，我怎麼知道它存在呢？它也許很不結實，是紙糊的，甚至是影像呢？對我來說，它就是個騙局。但是沒關係，效果一樣，只要我認為它是真的，它就能把我從複雜性的汪洋大海中拯救出來，這不也是一種迷信的作用嗎？

不是因為它有效，它是真的，而是因為它的存在，在我的行動現場，幫我屏蔽了複雜性，只是這樣它就已經幫到我了。這就是我們這一篇討論的話題的答案——迷信的作用。

不要覺得這是特殊情境下才出現的情況。廣義地說，沒有這種迷信能力，我們在現代社會，是沒有辦法生活工作的。

舉個例子，我們今天出門去參加一次會議，很常見的一種行動。如果我們想要很從容地去開這個會，其實需要有很多迷信。比如，我們需要相信，提前半小時出門就夠了，肯定叫得到車，或者地鐵公車能準點；需要相信，路況正常；還需要相信，大多數開會的人都這樣的好運氣，有車、路況正常、能夠及時趕到會場；你還得相信，開會的地方，有水有電有Wi-Fi等等。

請問，我們真的知道它們不會出問題嗎？其實不知道，沒有這種證據，而且歷史上還出現過大量反例，比如塞車、打不到車，但我們偏偏信之不疑，這不是迷信是什麼呢？

生活在現代都市中，就是生活在巨大的複雜性中。能讓我們成功地開一個簡單的會，背後牽涉到海量的系統複雜性。但是，我們人類沒辦法生活在那麼大的複雜性中，那會瘋的。我們必須依靠一些沒有理由的相信，來屏蔽這些複雜性，這就是迷信。

有一次，我和宗教學者李林聊天，他就說，宗教性即使在現代社會，即使在自詡為科學理性的人當中，也無處不在。比如上千人，天天在一個摩天大樓裡上班，每個人都相信這個樓不會塌，每層樓設施正常、運行有序，樓裡的上千人每個人都精神正常，不會互相攻擊，這其實不能靠什麼證據，只能靠無理由的相信。

往大了說，人類社會發展到現在，一切繁榮都是依靠分工來實現的，分工就意味著對他人抱有信任。這種信任常常是未經驗證的，而且很可能說崩潰就崩潰。但是，如果沒有這種迷信般的相信，人和人之間很容易就會陷入無窮無盡的猜疑和消耗中，造成複雜性災難。

我們再切換到個人的處境中，看看這種迷信的作用。過去，我們更相信，要提升認知能力才能把握複雜性。比如，一個人要是做金融投資，就要懂得更多，看到更多維度的事實和變量，才能做好。但是其實在現實中，還有另外一個思路，就是靠一些沒理由的相信，把自己的認知和行動縮窄在一個狹小的通道中。

比如一個作家，長年堅持寫作，他得相信，寫得越多，寫得越好，讀者和市場遲早會公平地對待他，給他應有的回報和榮譽，甚至獲得諾貝爾文學獎。事實是這樣嗎？不是。一個作家其實生活在巨大的複雜性中，作品的題材、市場的潮流、出版社的運作能力、同類作品的表現、評委的心情，都會影響他的最終成績。但問題是，如果真要去把握這種複雜性，不管認知升級到什麼程度，他都沒有辦法把握，而且什麼都幹不了。

我們會發現，做成一點事的人，都有一個特點，他相信自己的努力可以和某個結果有關係。他劃出了一個從努力通向結果的狹窄且並不存在的因果通道。他用這個信念屏蔽了複雜性陷阱，這就是我們每個人都用得著的迷信。

總結一下這一篇我們說的：認知複雜性是一個不能縱容的壞東西。對付它的辦法有兩個：第一，升級認知，用智慧把握它；第二個恰恰相反，縮窄認知，用一個迷信屏蔽它。

這個世界上，牛人和傻人，各有各的福分和機緣，就是這個道理。

中年不是衰退期，
而是分工的轉變期，
將體能上的優勢切換為大腦上的優勢。

我們對中年有什麼誤解？

一個中年人感受到的所有危機，其實都是為了讓大腦保持在顛峰狀態而付出的代價。

中國有句老話，叫「月過中秋清輝減，人到中年萬事休」。到了我這個歲數，中年問題就開始浮現出來了。人生剩下的時間越來越少，責任越來越重，體能卻越來越跟不上，自己感覺是「中年危機」，外界看來是「中年油膩」，很多中年人都活得灰頭土臉。

最近同事推薦我看一本叫《中年的意義》的書，作者是大衛・班布里基。聽這書名，像不像給中年人勵志的雞湯書？還真不是。班布里基是劍橋大學的動物學家，說得更具體一點，他其實是個獸醫學家。他的視角特別冷峻，這本書有意思的地方在於把人視為動物，觀察中年在人的一生中到底是占據什麼地位。

過去，我們都把中年看成是人生下坡路的轉折點。這本書告訴我們的第一個事實是，在動物界，沒有轉折點，到了生命的最高峰，過了生育期，很多動物就不該活著了。比如有的昆蟲，在孩子出生以後，父母馬上就會死去；比較高級的物種，等孩子性成熟之後，父母也會死去。站在基因的角度看，這一代繁衍族群的使命完成了，活著只會和後代爭搶資源。

動物界不僅沒有什麼中年危機，它根本就沒有中年，「人到盛年」就該死。

但人類就很奇怪，人在失去生育能力後，會相對穩定地生存二十多年才進入老年。就算男性的生育週期長一點，但過了四、五十歲，很多人也不再選擇生育了，這相當於自主絕育。這不生育也沒老的二十多年，就是中年。為什麼人要有這個階段呢？

進化從來不做無緣無故的事。所有留存下來的性狀，理論上都應該能找得到對這個物種存續實實在在的好處，那中年對人類有什麼價值呢？

表面上，我們看到的全是中年的壞處。比如我，中年之後，體能、精力確實不如從前了，臉上皺紋多起來了，頭髮陸續變白還算好，頭髮日益稀疏才是更殘忍的真相。這是在走下坡路嗎？

班布里基這位獸醫學家的冷峻判斷來了。他說，這不是走下坡路，而是人生的分工發生了改變。一個中年人，基本上也生過孩子，還要那麼光溜的皮膚、濃密的頭髮幹什麼？這是年輕的時候吸引異性用的。現在這部分能量要節省下來，做更重要的事了。什麼事？幫助後代更成功啊。

這就牽扯到一個問題了。人類的後代和其他動物的後代有什麼不一樣？

在進化競爭中，人為什麼勝利？是因為我們這個物種在進化中擁有了一個超級大腦。大腦是我們這個物種最寶貴的資源。人類的所有活動，本質上都是圍繞大腦進行投資。

青年時期，我們給自己的大腦投資，以驚人的速度吸收知識、消耗能量。到了中年之後，大腦的飛速發育開始停止，那我們在為誰投資呢？別老把眼光往自己身上看，想想這個物種。對，從一個動物學家的角度看，中年之後的人是在為自己孩子的大腦進行投資。生物學家把這種代際之間的投資現象稱作「親本投資」。人類親本投資的複雜程度遠遠超過其他動物，自然選擇要求我們必須停止生育，把精力留在照顧後代上。這個時候，一個叫「中年」的人生階段開始登場了。

中年人能給後代的投資，大體上可以分成兩類。第一類，是包括食物在內的各種物資。黑猩猩五歲就能自己找吃的。但人類，至少活到十幾二十歲，才能做到這一點。因為人類獲取食物的系統非常複雜，這還不只是在現代社會，即使在兩百萬年前，非洲大草原上的人類，要想捕殺比他們更強壯的野牛，對沒有技術和經驗的青少年來說也是很難完成的任務。他們只能靠父母和身邊的中年人，沒有中年人提供食物，青少年恐怕很難健康長到成年。這是人類的一個特殊之處。

中年人給後代大腦的第二類投資品，當然就是知識。

孩子大腦發育到一定階段，光有食物還不夠，還需要訊息——知道誰是天敵，誰是盟友，哪裡有食物，哪裡有危險，這些都是訊息。

人類怎麼獲得訊息？主要有兩種方式，一種是跟其他生物一樣，寫在基因裡；另一種獲取訊息的方式是人類獨有的，那就是跟長輩學習。

第一種方式的好處是可靠，傳遞得準確。第二種方式的好處是快，在同一代人當中，訊息可以迅速、大量地橫向傳播和普及。這個時候，中年人可就派得上用場了。中年人身體的各個方面都在衰退，但是有一點沒有，那就是大腦，中年人的大腦不僅不比年輕人差，反而達到了一個顛峰狀態。研究發現，人的大腦認知能力在二十歲時開始增長，到四十歲左右達到頂峰，在之後的二十多年幾乎沒有變化，直到進入老年才開始下滑。

我們可能會問，中年人的各項機能都在老化，大腦就不老化嗎？班布里基這位獸醫學家就說了，中年人的大腦不是沒有老化，只是切換為一種能耗更低的運轉方式。

人類大腦是一個在演化中不斷博弈、平衡、妥協的結果。比如，大腦接收感官訊息的能力變弱了，視力、聽力變弱了，但處理訊息的認知能力變強了，像語言、數學、推理能力就變強了。損失一點感官訊息，對人類演化幾乎是沒有威脅的。別忘了，人類是群居動物，在一次狩獵中，需要靠敏銳感官和強健體能才能獲得的訊息，比如注意獵物的腳步聲、捕殺獵物這些工作，交給年輕人就可以了，狩獵能不能成功，大多靠的是中年人的經驗、技術和計畫。

小結一下：人類為幫助後代發育出更成功的大腦，演化出了中年這個人生階段。中年人在體能的顛峰時刻為後代尋找食物，接著體能減退，智力達到顛峰，繼續為後代傳遞訊息。人類在不同階段，變著花樣為後代的大腦進行投資。

如果從進化的角度看中年，就有一個壞消息，一個好消息。壞消息是，一個人就是一個進化的工具，一切存在都是為了維持物種繁衍的，這一點所有的物種都一樣，所有的人生階段也都一樣。這一點並不美好，但是進化論就是這麼解釋的。

那好消息是什麼呢？是中年不是衰退期，而是分工的轉變期。將體能上的優勢切換為大腦上的優勢。一個中年人感受到的所有危機，其實都是為了讓大腦保持在顛峰狀態而付出的代價。

我的結論是：

第一，在一個認知能力越來越重要的時代，中年人沒有什麼好抱怨的，這反而是我們一生中最能夠創造價值的階段。所謂的中年危機，就是中年懈怠。不僅沒有什麼可抱怨的，而且乾脆就是在暴殄天物。天予不取，反受其咎。

第二，如果一個人沒有那麼想上進，想逆天而行，那就順應一下自然，承擔起中年應該承擔起的責任。對自己的孩子，或者泛指的人類下一代的大腦進行投資。多幫幫年輕人，也算是盡到了我們中年人的義務。

為什麼青年才俊總有機會？

一般站在年輕人的角度看，世界好像是被資源擁有者掌握的。我再有才華也沒有用，手裡沒有資源，我怎麼能有機會呢？

這一篇我們聊的話題是，為什麼說每一代青年才俊都有機會。從兩百多年前的法國啟蒙運動講起。一說到法國啟蒙運動，我們腦子裡通常會想起這麼四個人：伏爾泰、盧梭、孟德斯鳩和狄德羅。他們都是法國啟蒙運動的旗手。

這幾個人給我們留下的印象不太一樣。伏爾泰、盧梭、孟德斯鳩這三個人，我們知道他們大體上的思想成果。但是最後這個人，狄德羅，他的思想成果好像很模糊。狄德羅主編了一部《百科全書》，他是靠這一套書名留青史的。既然有能力編《百科全書》，那一定是一個知識淵博的老學者。

實際上，正好相反，在這四個人當中，狄德羅是最年輕的一位。他生於一七一三年，伏爾泰比他大十九歲，孟德斯鳩比他大二十四歲，連最年輕的盧梭也比他大一歲。

我們會發現這件事有點奇怪。這麼龐大的一套叢書，對出版商來說也是一筆重要的生意，書商應該很認真嚴肅對待，不說組織一個學術天團，也得找一位當時的流量明星、人氣學者來坐鎮，為什麼會找狄德羅來幹？狄德羅當時既沒有深厚的學術背景，也沒有拿得出手的作品。換句話說，這麼好的一個名留青史的機會，怎麼就留給狄德羅了？

其實，最開始不是學者提出編撰《百科全書》這本書，而是一個叫布雷頓的書商提出來的，狄德羅只是接了出版商的一個工作。他並不是這個事的發起者，他只是一個乙方。剛開始編撰《百科全書》時，狄德羅才三十四歲，沒多大名氣，甚至連一本像樣的著作都沒出版過。

這是怎麼回事呢？

狄德羅的家境不是很好，父親一直希望他能當個醫生或者律師。但是喜歡文史哲的狄德羅不肯，大學畢業後就沒怎麼做過正經工作。但他有一個長項，他懂得的語言特別多，而且很擅長翻譯。從他大學畢業，到開始編撰《百科全書》中間的十幾年，他的人生經歷幾乎是一片空白，就靠做家庭教師、搞翻譯賺外快來養家餬口。

湊巧，狄德羅翻譯過一部《醫學通用辭典》，翻譯得挺好，市場反響也不錯。有個書商知道了這件事，就找到狄德羅，想讓他把英國一套小型百科辭典《錢伯斯百科全書》翻譯成法文出版。狄德羅在翻譯的過程中發現，這本小型百科辭典錯漏百出，他就向書商建議，不如我們親自動手，出版一部屬於我們自己的、能反映這個時代各個領域新成果的百科全書，這不是法國人的驕傲嗎？書商一聽就覺得這個有賺頭，立刻同意了。

狄德羅前前後後為《百科全書》忙活了三十年。今天的我們已經很難想像這麼奇葩的一套書了：隔幾年出一卷，越出越長，包括作者在內，誰都不知道這套書什麼時候能完結。

開賣幾年之後，一七五一年，《百科全書》的書商不得不向讀者承諾，整套《百科全書》將於一七五四年，也就是三年後完成，一共十卷。不要以為這套書遙遙無期，出版社信誓旦旦地和讀者說，我們的內容都已經寫完了，現在只是在編輯修改。當然，說明書也說了，確實有可能多加一卷，但是，我們不多賺消費者的錢，這一卷會以71％的價格出售，這就給了市場信心。

實際情況呢？這個時候距離狄德羅完成《百科全書》還有二十多年的時間，最後的《百科全書》不是十卷，也不是十一卷，而是二十八卷，超出計畫內容將近兩倍。最後完工的百科全書，有七萬一千八百一十八個條目，二千八百八十五幅圖片。如果消費者知道，《百科全書》會有二十八卷，價格是之前承諾的三、四倍，最後一卷一七七二年才問世，估計誰都不會買，狄德羅估計也沒有勇氣接手這項工作。

瞭解了這個過程，你就明白了，為什麼編撰《百科全書》這樣注定要名留青史的工作，會落到狄德羅這樣的年輕人手裡。

首先，這個工作太苦了，一般人根本撐不下來。

就拿同樣是啟蒙運動旗手的盧梭來說，盧梭的性格，有點浪子的成分，多愁善感。這樣的人可能很有才華，但是受到的誘惑也會很多，情緒的波動也會很大，即使開了頭，也很難善始善終。能夠禁得住三十年艱苦工作挑戰的人，實在太少了。

還不只是性格原因。比如，法國著名的物理學家和數學家達朗貝爾，剛開始加入《百科全書》的編撰工作時，還承包了其中數學與自然科學條目的撰寫工作。但是到了一七五七年，《百科全書》前七卷出版的時候，達朗貝爾也推托不幹了。他的真正興趣在科學研究上，不想把一輩子時間耗費在編《百科全書》上。只要志不在此，就做不了這樣的工作。

還有一個原因：成名成家的人或者是衣食不愁的人，他們也幹不了這樣的苦活兒。

比如，同樣是法國啟蒙運動旗手的伏爾泰，出生在一個富裕的中產階級家庭，不缺錢，平時談談戀愛找找情婦，生活多姿多彩；孟德斯鳩就更不用提了，貴族世家，二十八歲繼承了爺爺的波爾多法院庭長的職位，獲得了男爵封號。這樣的人，你讓他為了錢，去承擔三十年的苦役，怎麼可能呢？

我並不是說狄德羅就是為了錢。但是三十多歲的狄德羅願意承擔這樣的工作，一方面當然是因為這個工作符合他的理想和能力；另一方面，也是因為這個工作可以給他帶來穩定的收入。換句話說，如果這筆錢對他沒有什麼意義，他連續幹三十年苦活兒、累活兒，就缺了一根把他綁在書桌前的繩子。任何長期而又艱苦的工作都是這樣，沒有理想的牽引幹不下去，沒有現實的綁架也幹不下去。

聽完了這個故事，我們就能回答這篇一開始我提出的問題了：為什麼說每一代青年才俊都有機會？

一般站在年輕人的角度看，世界好像是被資源擁有者掌握的。我再有才華也沒有用，手裡沒有資源，我怎麼能有機會呢？

但是從兩百多年前的狄德羅的故事裡，我們可以看到，年輕人手裡有三個重要的資源：

第一，年輕，有的是時間，可以幹其他人幹不動的苦活兒、累活兒、長期性的活兒。這個好理解。

第二個資源，不太好理解，但更寶貴。年輕人有開創新的賽道的可能，當別人已經有了自己的專業、志趣和方向的時候，原先賽道上的存量會綁架他，減小他切換賽道的可能性，削弱他在新賽道上跟一個年輕人長跑的意志。比如，達朗貝爾中途放棄，是因為學術研究更誘惑他。年輕人只要找到了新賽道，實際上是有極大的隱性優勢的。

第三個資源，更加隱秘，也更加重要。年輕人，通常很窮，但正是因為窮，就更容易接收到市場傳來的訊號。功成名就的人，一點點小錢，對他們來說，已經不算什麼，他們無法看到，這可能是一個重大的新時代發來的訊號。他們更沒有辦法被這點小錢激勵著往這條道路的深處進發。為什麼每個時代的最新機會，往往都屬那些年富力強的年輕一輩，而不是功成名就者，原因就在這裡。

什麼是思考？
所有思考都是模型化、
模式化的思考，
所有思考都一定要把
真實世界模型化、模式化。

第2章

工具

思維模式升級

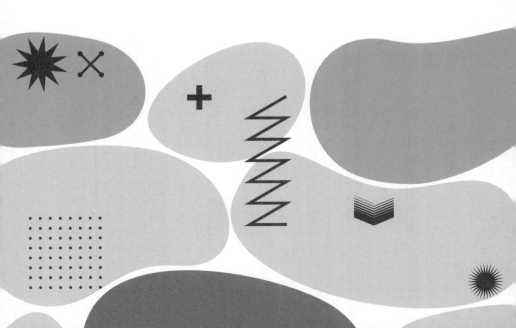

為什麼要具備模型化思維？

模型化是我們很重要的一個思考工具。雖然它不會把我們帶向什麼真理，但是它真的有助於我們把握陌生世界。

人類的大腦本能地要用模式化的方式思考世界，凡事都想追問一個原因，我們在直覺上很難理解「隨機性」。

這一篇我們就來聊聊模式化的思考。

首先我們來看，什麼是思考？我見過一個很簡潔的描述，思考就是把性狀從思考對象身上剝離下來，剝離下來什麼呢？是概念。大腦通過概念的組合、推理去理解世界。這個過程就是思考。這個過程的關鍵，是能把性狀從對象身上剝離，抽象成概念。

比如說，兩顆蘋果。其實仔細去看，世界上哪有兩個一模一樣的蘋果呢？但是我們人類不管，把最基本的性狀剝離出來，抽象成了「蘋果」這個概念，我們在思考中把它們認為是同一件事，這就是模型化。

抽象出來的概念，還可以進一步再抽象，再模型化。比如說等號，你別小看等號，這個符號發明出來，意味著人類模型化思考能力的飛躍。

$2+1=1+2$，對吧？請問這個等號是什麼意思？它代表左邊和右邊相等，是一回事嗎？不對，等號的意思是說，有些東西不重要，我們要選擇忽略它。比如$2+1=1+2$，意思就是我們只關心結果，我們不關心次序。$2+1$怎麼會等於$1+2$呢？次序不一樣，但是加了這個等號，我們就忽略次序，只看結果。

我們在日常話語中用到「等於」就是這個含義。比如我們經常說「謙虛過度就等於是驕傲」。這句話的真實含義，不是說謙虛就是驕傲，而是在說，我們忽略表面上的態度區別，你看起來像是謙虛，但是背後的實質就是驕傲。「等於」這個詞是強調要忽略些什麼。

什麼是思考？所有的思考都是模型化、模式化的思考，所有的思考都一定要把真實世界模型化、模式化。潛台詞就是一定要把真實世界丟掉一部分。

這是不是很反常識？思考的深化居然要靠對世界認知的殘化來實現。

這樣有什麼好處呢？其實，人類大腦的進化不是用來發現真理的，而是用來獲取生存優勢的。大腦不是用來求真，而是用來求存。這種模式化思考方式的好處是可以節省大腦的認知資源。它不見得正確，但是有效。

我曾翻到過一本書，叫《日本新論——墨家學說與東瀛文化》。它的核心內容講的是，日本從中國學了很多文化，但是它繼承的不是儒家文化，而是在中國已經基本消失的墨家文化。

我剛看的時候，覺得這個觀點有點牽強。墨家文化在中國歷史上都有點像傳說，只有很少的一點記載。有人說日本文化繼承了墨家文化，有什麼依據嗎？有什麼史實嗎？考證過嗎？墨家文化什麼時候傳過去的？誰傳過去的？傳承的源流是什麼？這些史實都沒有，下這樣的斷言，不是荒唐嗎？

把這本書翻完之後，就會覺得這個說法有道理。

日本人雖然從唐朝開始就大規模地學習中國，但是大家發現沒有，學去的是建築、文字和宗教，當時中國覺得最寶貴的精神內核、文化中的力量——儒家文化，日本並沒有學去多少。

比如儒家特別講究權利義務的對等性。孔子不是說君君臣臣，父父子子，當國君該有國君的樣子，當臣子才有臣子的樣子嗎？國君無道，在儒家看來，甚至可以乾脆推翻，天道都不眷顧他。孟子甚至把這個學說發揮成「民貴君輕」，老百姓比君主還重要。這一點日本人就完全不接受，日本天皇萬世一系，怎麼可能推翻呢？從儒家文化這個根上，日本就不肯接受。

再比如制度安排，儒家的科舉制度，日本人也沒有學。儒家最強調的孝道，日本人也沒有。有日本人這麼說：「中國的儒學到了日本就跳海自盡了。」

這就造成了我們中國人理解日本文化特別困難。看起來文字、建築各個方面都很相似，但是一旦深入文化的細節，我們會發現中國人和日本人，有太多不一樣。這是因為我們用儒家文化這個模型去套日本，發現套不上。

但是，剛提到的這本書突然提醒我們，中國有很多的文化模型，這個套不上，可以換一個試試，儒家套不上，可以用墨家文化模型去套套看，很神奇，一套一個準，居然還嚴絲合縫。

隨便舉一些書中的例子。

中國的儒家其實很講究享受生活。孔子說，食不厭精、膾不厭細。但是墨家就特別講究節儉，吃穿住用都很簡單。「摩頂放踵」這個成語就起源於墨家文化，意思是從頭到腳都被生活磨傷了，不辭勞苦，這是一種苦行僧般的生活狀態。

大家發現沒有，日本人的生活有一種極簡的風格。就以吃飯舉例，相比於中餐的繁多花樣，日餐其實非常單調。中國人講究請客吃飯要剩菜，日本人就完全沒有這種習慣，餐後很少剩下食物。

再比如說，儒家主張「敬鬼神而遠之」，不太相信鬼神。但是墨家則主張「尊天事鬼」。在「鬼」的問題上，日本人的看法確實和中國人差距很大。在中國，鬼的形象通常很可怕。而在日本人的心目中，「鬼」這個字充滿褒義，有「強大、令人敬畏」的意思。比如「鬼才」這個詞，就是從日本傳來的，它在日本是最高級別的表揚，是說這人不但才華橫溢，而且精力充沛。

再比如說，儒家比較講究個人的獨立精神，並沒有形成嚴格的組織。但是墨家一開始就有嚴密的組織形式，有點早期的江湖幫會的意思。墨家的首領叫「鉅子」，墨家弟子在各國當了官，拿到的俸祿和薪水也必須奉獻給團體。

日本人後來的集體主義精神，發展到後來的軍國主義，是不是有點墨家團體極端化的意思？

再有，墨家當年講兼愛，就是要平等地去愛所有人。聽起來這個主張沒問題，但在當年問題可就大了。

孟子就說，這怎麼可能平等地愛所有人？愛一個路人甲能和愛你的父母一樣嗎？這樣的人，無君無父，不孝，還能叫個人嗎？孟子說，這是禽獸啊。儒家對墨家講平等之愛、不講天性之愛、不講孝道的思想，批評得這麼厲害。當年儒家和墨家的爭論，這是一個核心的爭論點。

日本學中國時，在「忠孝節義」這幾個字中，「忠」也講，「節」也講，「義」也講，獨獨就是不講一個「孝」字，稱他們是墨家傳人，確實不是冤枉他們。

這種說法是不是有點牽強附會？日本文化無非是在表面上和墨家文化有大量相似的地方，怎麼能說他們就是墨家的傳人？沒有證據。

我也覺得這說法有點牽強附會。但是這不重要，我們用儒家這個簡化的模型，理解不了日本文化，而一旦改用墨家這個簡化的模型，就可以很容易地解釋日本文化的各種表現，這對我們來說，就是一個很好的認知工具。

模型的好處是，我們知道了對象的一個特點，就可以根據模型推知它的其他特點。這當然就節省認知資源了。

這本書說明模型化是我們很重要的一個思考工具。雖然它不會把我們帶向什麼真理，但是它真的有助於我們把握陌生世界。

立體思維與線性思維的區別

立體思維能力，構成了創新思維的重要組成部分，它在未來會變得越來越重要。

我們談到「製造業為什麼重要」這個話題時，都是在強調製造業有各種各樣的好處。

製造業的好處不是關鍵，這些好處服務業也能帶來。關鍵在於，製造業發達與否是國家治理水平的氣壓錶。國家治理水平的高低，直接決定了社會發展的優劣。

強化製造業，本身也是倒逼國家治理水平的一種方法。我們要來理解一個現象：這個世界上有兩種完全不同的思維方式，一種是「線性思維」，另一種是「立體思維」。

對線性思維方式有很多解釋，我們這裡的含義是指，認為事物之間只存在單向的、直線的因果關係，看不到事物之間更多方向、更複雜、更曲折的因果關係。

如果能突破線性思維方式，建立起立體思維方式（或說多元思維方式），你對世界的認識就會深入得多。

我們一直在介紹查理．蒙格的名著《窮查理的普通常識》，這本書裡強調的「多元思維模式」，其實也就是這個意思。

這一篇就用更多的例子，進一步說明一下立體思維方式。比如，有人抱怨中國學生學英語，花了那麼多時間，他們在以後的工作中卻很少用到，甚至根本不用，這不是浪費嗎？

看上去這種抱怨好像很有道理。確實，很多人的工作中用不到英語；少數用到的，用翻譯軟體也足以應付。大多數企業招聘時，似乎沒必要考查應聘者的英語水平。學生把時間節省出來，學習其他更有用的知識，不是更好嗎？

其實不然。

企業在招聘大學生時，考查他的英語成績，很有必要。這不是因為英語本身重要，或者日後工作中要用到英語，而是因為通過了英語四級或者六級考試，表明這個學生在上大學時沒有荒廢學業，在大概率上，他是個合格的大學畢業生。

要知道，從中學開始就有這個規律，一個學生如果無心學習，很快就會有兩門學科跟不上——英語和數學。這兩門學科的特點是，落下一段課以後，後面的課就聽不懂了。聽不懂就更加沒有學習興趣，就落得更遠，最終就是徹底放棄。

相比數學和英文，語文、政治、地理、歷史等學科，情況就不同了。即使落下一段，後面的課也還能聽懂，臨時抱佛腳也能應付考試。

大學的文科系也有類似的情況。文科水平的優劣，很難用考試成績判斷，這就容易讓有些人濫竽充數。如果再沒有英語考試，實際上，學生往往不是用騰出來的時間學習其他更有用的知識，而是什麼也不學，混日子直到畢業。

企業招聘時，要求學生必須通過英語四級或者六級考試，不是為了英語，而是為了確保應聘者是個合格的大學畢業生。英語合格，證明他曾經在大學裡認真學習過，這樣的人，在工作中也有持續學習的能力。

如果沒有其他更便捷、更可靠的選拔辦法，企業有必要堅持這個要求，這才是明智之舉。

再比如，有人長期追蹤、對比喝紅酒和不喝紅酒的人，發現他們的健康水平有明顯區別，喝紅酒的人更健康。於是有人得出結論，紅酒有利於健康。

這同樣是犯了線性思維的錯誤。

當然，紅酒中存在一些有利於健康的成分，但這些成分並不多，而且不是紅酒獨有。也許你吃串葡萄，差不多也能得到紅酒含有的有利成分——葡萄可比紅酒便宜多了。

紅酒有利於健康的真正原因是，有條件喝紅酒的人，往往都比較有錢，社會層次也比較高。人更有錢，就能擁有更舒適的生活條件，更好的醫療保健條件，更多的體育鍛鍊條件，更充分的健康意識等等。讓他們更健康的是這些條件，而不是紅酒。

再舉一個例子，花大價錢買學區房，讓孩子進入好學校，這是孩子日後學習好的原因嗎？

孩子學習好的真正原因，可能是願意花大價錢買學區房的家長，都是高度重視子女教育的人。他們往往本身也比較優秀，這種家長會在各個方面督促、幫助子女學習。學區房只是一個表象，讓他們的孩子學習成績更好的是這些家長經年累月的努力和關心。

美國的精英，包括大企業高管、政界軍界高官，上大學時往往都是大學體育隊的主力甚至隊長。這是否說明體育水平對管理企業、政府、軍隊很重要呢？比如，是不是籃球投籃命中率越高，作企業決策時就越準確呢？

當然不是。這些人在大學體育鍛鍊中得到的，不僅是強壯的身體，更重要的是團隊協作精神、吃苦耐勞的品質、直面競爭的勇氣等心理特質。幫助他們日後成為精英的是這些心理特質，而不是體育運動。

在國家層面上，也有類似的現象。中國體育長期奉行舉國體制，因此在奧運會上成績出色，名列前茅。不少人對此不以為然，認為競技體育無關人民生活，只是個虛名，國家為此花費大量人力物力，實屬浪費。

這恐怕也是一種以線性思維思考的結果。舉國體制，從體育發展來看當然有其弊端。但從一個國家整體的角度看，這證明了一個國家是否擁有團結一致、集中資源、戰勝他國的能力。

有這種能力的國家和沒有這種能力的國家，區別可不僅在於競技體育，還會表現在方方面面。

有能力把競技體育搞到世界第一的國家，當他們把這種能力轉向工業化、普及教育、發展國防、維護治安的時候，多半也能成績斐然。相反，有些國家在奧運會上成績尷尬，但他們似乎也沒有因為節省了國家體育經費，而在其他方面表現得更好。

可能更符合事實的描述是，這種國家做任何事都很費勁。

即使是他們非常想做好的事情，也往往無能為力，束手無策。我們這一篇比較了線性思維和立體思維的區別。線性思維方式的危害有兩點，首先是容易讓我們陷入局部，不能從更廣泛的角度理解世界。更重要的是，陷入線性思維的人，其實是在和電腦競爭。在電腦飛速發展的時代中，電腦對知識的採集、儲存、檢索能力，人類早已望塵莫及。

但人類的一項獨特能力，電腦暫時還無能為力，這就是立體思維：在分散的、看似無聯繫的事物之間，洞察深入、隱秘、內在的因果聯繫。

這種立體思維能力，構成了創新思維的重要組成部分，它在未來會變得越來越重要。

現代社會發展得太快，
遠遠超過了我們本能的進化速度，
在很多情況下，
我們的直覺其實不太可靠。

沒有參照系，不經試錯，
我們就不可能取得任何進步。

黑盒子思維為什麼很重要？

檢討錯誤、反省自己，這是理性給予人類的最好禮物。我們應該珍惜每一次錯誤，並主動建立一個光明球場，不斷修正自己的行為。

二〇〇五年三月，三十七歲的伊萊恩去醫院做鼻竇手術。這是一個小手術，主刀的醫生有三十多年的從業經驗，麻醉師也有十六年的工作經驗，事先沒人覺得這會出什麼問題。

可問題還真出現了——麻醉中伊萊恩突然停止了呼吸，主刀醫生趕緊給伊萊恩戴所謂的「喉罩」，從喉嚨中插入氧氣管，可怎麼插也插不進去。試了幾次，伊萊恩的情況越來越危急。這時可以切開氣管，從脖子把氧氣管接進去。護士跟主刀醫生說，切氣管的設備都已準備好了。

主刀醫生不甘心，說：「讓我再試試。」

他又試了幾次，還是不成功。這時抬頭一看，壞了，時間已過了二十分鐘。再切開伊萊恩的氣管，已經來不及了，缺氧時間太長，伊萊恩的大腦已遭破壞，成了植物人。

面對家屬，主刀醫生非常抱歉地說：「對不起，我們盡力了，但醫學不是萬能的。」

家屬還能說什麼？只能接受結果，畢竟他也沒參與搶救，過程如何，他也不知道。即使知道了，他又不懂醫，如果他問醫生為什麼不早點切開氣管，醫生可以馬上回懟，切氣管有風險，萬一期間患者死掉了呢？責任誰擔？

多數人會像伊萊恩的家屬一樣，進了醫院，一切聽醫生的安排。

這是一個故事，我們再講另一個故事。一九七八年十二月，美國聯合航空公司一七三號航班從紐約起飛，要在波特蘭市降落。

降落前，在放起落架時，突然傳出一聲巨響，發生劇烈震動，指示燈顯示，前起落架沒放下。機長反應很快，馬上把飛機拉起來，一邊在機場上空盤旋，一邊想辦法。機械師提醒他說，飛機只剩5％的油。機長很有經驗，說

5%的油至少還能飛十五分鐘，當務之急是搞清楚起落架究竟放下沒有。對機長這樣的老手來說，起落架沒放下，他也照樣能安全降落，但他不想冒險。

飛機不斷盤旋，機長不斷想辦法，正琢磨著，一看錶：壞了，十五分鐘時間到了。結果飛機墜毀，好在機長技術超高，實施了迫降，只有十人遇難，但這也是一次重大空難。這兩樁意外事件發生在不同領域，但有很多共同點，比如都是老手翻車，都屬低概率事件，從專業角度看，很難說主刀醫生與機長的選擇是錯的。

兩樁事件有一個最大的不同點，航空業有強制規定，所有飛機上必須背上兩個黑盒子，它會將全部操作過程記錄下來，而手術室則沒有這個規定。

通過對一七三號航班的黑盒子進行分析，專家們發現一個重大問題：人在緊急狀態下，會感到時間變慢，操作者覺得時間足夠，可事實上時間已經耗盡。

這不是操作者的問題，這是人性的缺陷，訓練恐怕也解決不了。航空公司為此專門設計了一個「四步提醒制度」。

如果套用到第一個手術室的案例中，即：

第一步是提醒，護士對主刀醫生說：「有沒有別的解決方案？」

第二步是提警報，「病人狀況惡化，也許該實施氣管切開術。」

第三步是挑戰，「再不切開氣管，病人會死亡。」

第四步是嚴重警告，「我要叫急救隊來切開氣管了。」在手術室，主刀醫生是權威，在駕駛艙，機長是權威，下屬只敢委婉地提出建議，但主刀醫生與機長都是人，都有人性的缺陷，所以才需要設計一套制度，防止意外事故的發生。

反思一下，如果沒有黑盒子，這個「四步提醒制度」可能被提出來嗎？恐怕不容易。

現代社會發展得太快，遠遠超過了我們本能的進化速度，我們的本能原是為適應叢林生活而準備的，面對高科技環境，我們很可能喪失洞察力。在很多情況下，我們的直覺其實不太可靠。

既然直覺不可靠，那就只能依靠工具。

一九一二年時，全美國空軍雖然只有十四名飛行員，但有八人死於空難，當時還沒有空戰，只是正常地飛行，死亡率就超過總數一半。早期美國航空學校學員的死亡率一般能達到25％，可如今全球每年因空難死亡的人不過三、四百人，每百萬人中只占0.23％。

醫療事故呢？據估計，美國每年會有一百萬患者因錯誤診療受到傷害，十二萬人因此死亡，等於平均每天都會發生一起大型空難。

航空業為什麼能有效地減少事故率？因為通過黑盒子，他們總結出大量經驗教訓，並通過幾千條規程貫徹到具體操作中。自一九七八年的一七三號航班後，再沒有民航客機因機長忘了油料耗盡而墜毀，這就是進步。

當然，能不能將醫療和航空簡單類比，可不可以在手術室中也裝個黑盒子，我回答不了這些專業問題，不如交給專家去討論。我想提醒的只是，黑盒子對現代人來說非常重要，我們應該擁有黑盒子思維。

黑盒子為什麼這麼重要？因為它能讓我們免於黑暗球場效應。大家可能都打過籃球，剛開始怎麼也投不準，可大家會慢慢調整投籃的角度、力道，經過一番訓練，你可能就會成為高手。可是我們想想，如果我們在一個黑暗的球場中投籃，什麼也看不見，投出球去，自己都不知道離籃框有多遠，你就算練上十年，球技該多爛還是多爛。

事實證明，沒有參照系，不經試錯，我們就不可能取得任何進步。

檢討錯誤、反省自己，這是理性給予人類的最好禮物，做為人，我們應該珍惜每一次錯誤，並主動建立一個光明球場，通過清晰的參照系，不斷修正自己的行為。

為什麼網路公司往往很有競爭力？因為網路改造了企業和用戶之間的關係。原來企業看用戶，就像是在黑暗球場投球，只能憑空猜他們的喜好。有了網路，就相當於飛機有了黑盒子，可以記錄下用戶的每一個行為，分析行為的細節，有助於企業的自我迭代。

現在的很多文化活動，主辦方都是賠錢在辦，我很不贊同這種方式。

辦文化活動也需要賺錢，賺錢本身不是目的，但是它會起到兩個附帶的作用。第一，你有錢組織更大的協作，做更好的產品。第二，如果不賺錢，我們怎麼知道大家喜歡不喜歡？怎麼衡量活動的質量？趙樹理先生曾說，我希望農民能用兩個雞蛋換我的小說。這很有道理，農民肯拿出兩個雞蛋，說明他們真喜歡看，否則怎麼證明你寫到他們的心坎兒裡了呢？趙樹理並不缺那兩個雞蛋，而是希望以此建立一個評判體系。

前段時間，我們進行「時間的朋友」跨年演講的復盤，我們公司的CEO脫不花說，舉辦一場大型活動的首要條件是商業上要成立。不見得是為了靠它賺多少錢，而是為了獲取真實的反饋，形成良性循環。商業市場的認同度是最有效的價值測試，如果一場大型活動沒有票房、沒有贊助，也沒有版權費，那只能說明一件事——這活動沒有價值。沒有清晰的評判標準，文化活動就會變成秀情懷，就不能持續發展，質量也會變得越來越差，這就又把自己放在黑暗球場中了。

向電腦學習思維原則

在電腦的運算思維裡，所有的原則都必須排序、都必須編碼、都必須有高階低階的次序、都必須能處理實際出現的所有情況。這真正結合了原則性和靈活性。

最近「算法」這個詞的提及率越來越高。這說明什麼？說明整個社會越來越意識到，人類文明到了一個重要的關頭。過去，是人類來創造電腦算法，而未來，人類要反過來向電腦學習運算思維。

「運算思維」和日常思維有什麼區別？這一篇我們簡單和大家聊一聊。

最重要的一個區別是，運算思維是有原則的，而人類的思維很難有堅定的原則。

《戰爭論》的作者克勞塞維茨講過一句話：「制定原則並不難，難的是始終堅持原則。」這句話聽起來是句大白話，但是道出了人類思維的一個根本性的難題。我們在日常生活中，經常跟別人說「這件事原則上可以」，實際上是什麼意思呢？現在不可以；或者反過來，「這件事原則上不行」，實際意思就是特殊情況下也行。

在潛意識中，我們就是認為原則是可以用來打破的。但是之所以要有原則，就是因為不能有例外，這難道不是一個問題嗎？

過去，我們覺得電腦很笨，它只會堅守原則，機械地執行指令。人要靈活得多，沒錯，這是人的巨大優勢。

但是現在情況變了，如果著眼於未來，電腦的這種笨，反而要成為人學習的對象。為什麼？因為人要處理的情況越來越複雜，靈活性帶來的優勢越來越小。相反，沒有原則帶來的劣勢越來越大。

舉個例子說，業餘做投資的人都模模糊糊地知道一個原則：絕不能用槓桿借錢去投資。道理很簡單，一旦投資失敗，不僅血本無歸，而且債台高築，人不能玩自己玩不起的遊戲。有沒有例外呢？很多人會覺得有。比如，這個投資機會是我最好的朋友告訴我的，一家大機構為這個投資機會做擔保，很多有錢人、聰明人也加入了這個投資機會，那我要不要借錢用槓桿賭一把呢？

在小規模的人類共同體中，比如一個村裡，這麼想問題不大。因為複雜性有限，可以調用人的靈活性，去判斷機會、判斷人性、判斷具體的機會是不是可靠。但是，現在的投資市場、金錢遊戲，已經是一個全球性的複雜網路。複雜到沒有任何一個人能說清楚全貌。在這種情況下，一個人如果有僥倖心理，即使這一次安全地得手了，遲早也會踩響地雷。聰明的投資者恰恰不能自恃聰明，而是要堅守一個笨原則：絕不能用槓桿去投資。

再舉一個例子。簡單說，就是當我們面對一大堆選擇，又沒有重新選擇的機會的時候，我們在作判斷前需要考察總數的百分比。

電腦算法給出的答案是37%，當我們考察了總數的37%後，不應該繼續考察剩下的63%，而應該迅速作決策，而不是等全部考察完。比如，買房，市場上在考察範圍內的房有一百套，那我們要把一百套全部看完才能下決心嗎？運算思維告訴我們不用，考察前三十七套，就可以選了。這是算法決定的，在這個地方停止考察作決定，是成本收益最優的策略。

大家可能覺得算法提供的37％這個原則，看起來冷冰冰不近人情。但是，無論是數學推演，還是客觀統計，這個數字都是有效的。不是真的建議你接受這個數，只是通過這個例子，展示兩種思維方式之間的巨大鴻溝。

不過，說到這裡，大家可能會有一個誤解，認為運算思維只會堅持原則，沒有靈活性。其實恰恰相反，運算思維，不僅有原則，同時還能夠兼顧更多的原則，而這一點恰恰是人類做不到的。

銀行門店裡排隊辦業務通常需要遵循什麼原則？先來後到。誰領的等候號碼靠前，誰先辦業務。這是單一的原則。

如果有一個人的業務特別複雜，要辦很長時間，後面的人就會等很久；有一位的業務特別重要，不僅對他自己重要，對銀行也很重要，但是他也不得不按部就班地排隊。從全域的角度看，這不是一個效率最高的策略。但是沒辦法，銀行面對公眾，在複雜的情況中它只能採取單一的、看起來公平的策略：先來後到。電腦也面對同樣的問題，要完成那麼多任務，它只有一個CPU，先算哪個後算哪個？算法就會有很多原則來處理這個事。比如，法官原則：誰先排隊誰先辦理；客服原則：誰最重要，誰先辦理；先苦後甜原則：哪個客戶消耗時間最長，哪個客戶先辦理。

這些原則怎麼統一在電腦處理的過程中呢？電腦操作系統的設計者，通常會把好幾種方案混合使用。比如同時設定，越重要的顧客優先級越高，等待時間越長的顧客優先級越高。這樣一個顧客即使不是很重要，但是等待時間已經很長了，他也有機會先辦理業務。

所以說運算思維不是單一原則，它恰恰更靈活，更能考慮全域。它的唯一出發點是，哪種方式消耗的時間最短、花費的資源最少、效率最高。

有一次，脫不花跟我說，考察一家公司有沒有真正的價值觀，一個問題很有效，問他們老闆：「貴公司排序第二的價值觀是什麼？」

這個問題通常會把人問傻，問第二不問第一的目的，就是看看他們的價值觀是不是有排序，沒有排序的價值觀就等於沒有價值觀。

對啊，很多公司貼在牆上的使命、願景、價值觀都是很大的詞，比如高效、誠實、正直等等。這些大詞本身沒錯，但問題是，當這些大詞發生矛盾的時候，比如高效和誠實發生牴觸的情況下，哪個原則優先呢？如果沒有清晰的排序，怎麼能說這是有價值觀呢？還是處理不了具體情況。

在電腦的運算思維裡，就沒有這個問題，所有的原則都必須排序、都必須編碼、都必須有高階低階的次序、都必須能處理實際出現的所有情況。這才是真正結合了原則性和靈活性。人的思維方式很難做到這一點，也是我們在這個超級複雜時代必須向算法學習的原因。

我們人類的思維能力和電腦相比，差的不僅是運算速度，更是思維結構。

學習卡爾・薩根創造概念、建立形象

作為一個內行，如果你要想對公眾講出自己行業的觀點，你可以去用卡爾・薩根親測有效的兩個方法。

這一篇我們聊聊美國天文學家卡爾・薩根。

卡爾・薩根是一位科學家，但是他的科學研究能力，還真的很一般。至少有一個證據：他好幾次申請成為美國科學院院士，最後都沒有成功，總有人覺得他的科研能力不夠。

但是卡爾・薩根有個長項，他特別擅長把複雜的科學知識介紹給外行。

據說，有人這麼評價卡爾・薩根：別看他自己的科學成就不高，但是他對科學的貢獻卻非常大。這裡的貢獻不是指卡爾・薩根在科普上做的工作，而是他發現了他的妻子。

為什麼這麼講呢？原來他和妻子談戀愛的時候，對方還只是一個文科生，但是就因為特別會講科學，他硬生生地把他的妻子從一個文科生影響成了一位科學家，最後他妻子還當選了美國科學院院士，成就比卡爾·薩根還高。

當然這是一個八卦了，但是能向人講清複雜的科學知識，這真的非常難。

我們看霍金，在科普上，他的名氣比卡爾·薩根還要大。他的書《時間簡史》可以說是沒有人不知道。但是結果呢？我問過我身邊的人，翻過《時間簡史》的人不少，但是能看懂的還真不多。霍金非常努力地想讓外行看懂這本書。在他寫書的時候，編輯就告訴他，書裡不能有數學公式，有一條公式讀者就會減少一半。可是結果霍金的書大家還是看不懂，即使裡面沒有公式。

但是卡爾·薩根就不同了，他真的能讓人理解完全無感的知識。舉個例子。我們經常看到一個表述方法，如果把宇宙一百三十八億年的歷史，壓縮成一年十二個月，那麼人類就是在新年鐘聲敲響前的幾秒鐘才出現的。正是因為這個天才的創意，人類才第一次直觀地認識到自己在宇宙面前是多麼渺小。這個天才的表達方法的首創者，就是卡爾·薩根。

如果你去看卡爾・薩根的書和節目，裡面有大量類似的精采表達。他對外行講話的方法到底是什麼呢，為什麼有這麼神奇的效果？方法有兩個：一個是創造概念，另一個是建立形象。

先來看看第一個方法，創造概念。

這個概念大家肯定聽過：「核冬天」。這是卡爾・薩根最先提出來的。如果爆發核戰爭，爆炸會讓大量灰塵覆蓋住天空，全球都會持續很長時間低溫，即便是夏天也會讓水結冰，全人類都活不成。

這一點，已經成了我們的常識。曾經有一段時間，美國和蘇聯對核戰爭的危害就估計不足。他們雖然知道核武器的厲害，但是仍然存有僥倖心理，認為萬一對方用核武器攻擊，只要防禦住重點區域，就可以發動二次核打擊來報復，最後還是能獲得戰爭的勝利。

當時有很多科學家對核戰爭的危害進行了深入研究，也都知道當時的美蘇大大低估了核戰爭的危害。只要核戰爭爆發，將會發生連鎖反應，就是全球性的災難，誰也逃不掉。但這些結論只是在科學家的群體裡傳播，科學理論太複雜，面對公眾就解釋不清。

我可以隨便舉幾個例子，微物理模型、對流—輻射模型、米散射理論。如果讓政府官員和公眾看懂，根本不可能。公眾看不懂，對核戰爭沒有深入骨髓的恐懼，危險就一直在。

卡爾·薩根聯合了幾位科學家，一起提出了「核冬天」的概念。他將核戰爭後的危害與人類最本能的恐懼聯繫在了一起。

冬天會怎麼樣？面臨缺少食物的飢餓和深入骨髓的寒冷，這是生物從爬上陸地開始就刻在基因裡的記憶和恐懼。只用這麼一個概念，不用管其他數據、模型、理論，人們一下子就能聽懂核戰爭的危害。

後來蘇聯的戈巴契夫也說過，蘇聯開始限制核武器發展，是因為他們知道了核戰爭會導致「核冬天」，明白了這會危害地球上的所有生命。「核冬天」這個概念的表達非常成功，但是有一些專業人士卻一直覺得這個概念不好，因為從數據上看，它相當不嚴謹。美國氫彈之父惠勒還說過，核大戰爆發後，溫度下降的程度和持續的時間都沒有這麼可怕，如果精確一點應該把「核冬天」的概念改掉，改成「核秋天」，這樣就嚴謹了。

惠勒這就是典型的內行人視角。核秋天是嚴謹了，但是哪裡還有可以傳播的恐懼感？這你就能看出卡爾．薩根的厲害了，雖然也是專家，但是面對公眾和外行的時候，他會想到把那些複雜的、難以理解的訊息封裝到一個直觀的概念中。

這是第一個方法，創造概念。還有第二個方法，建立形象。

在人類太空探索史上有一個經典形象，叫「暗淡的藍點」。在漆黑的背景中，有一個只有幾個像素大小的暗淡藍點，這就是地球。這是一張地球最遠距離的自拍照。

力主拍下這張照片的人，就是卡爾．薩根。

一九八九年，旅行者1號探測器快要飛出太陽系時，卡爾．薩根提出讓探測器轉一下身，回頭給地球拍一張照片，這個想法當場就被NASA的科學家否決了。因為他們覺得這毫無意義。當時旅行者號已經越過了海王星，距離地球六十億公里，即便是回頭看也看不到什麼，而且這麼遠，無線電訊號傳過去要花五個多小時，如果真要拍攝，從給它下達指令，到它轉身拍照，再把照片一個像素一個像素地傳回地球，要花六個月的時間。中間任何一個步驟出現問題，都有可能讓旅行者號永遠失去聯繫，這個險值得冒嗎？

不過，卡爾・薩根仍然堅持這個想法，最後也說服了NASA的主管，拍下了這張照片。卡爾・薩根是怎麼算這筆帳的風險和收益的呢？要是站在科學家群體的內部視角看，這當然不值，從這張照片上看地球，就是一個小點，什麼細節都沒有，什麼訊息也沒有。如果從公眾的心理來看這張照片，就太價值連城了。

後來有很多人滿懷詩意地指著這張照片上的地球，這個淡藍色的小點說：

> 看看吧，看看這個淡藍色的小點，歷史上所有的帝王將相，我們認識的不認識的人，聽說過沒有聽說過的故事，都只發生在這一個微小的藍點上。在浩瀚的宇宙劇場裡，地球只是一個極小的舞台，為什麼我們要把自己的眼光和想像力局限在這麼小的一個小點上呢？在你的身邊，有這麼一群人，耗盡自己一生的時間和所有的才華，努力讓人類走到更遠的地方，你難道不覺得幸運嗎？他們不應該受到尊敬嗎？

天文學歷史上，每當有人質疑為什麼要花那麼多錢去探索宇宙，為什麼不拿這些錢去救助窮人時，這張照片都會被拿出來說服他們。正是這一個畫面，激勵了一批又一批探索宇宙的科學家。整個人類的宇宙探索事業，也因為這個畫面，吸引到了大量的資源。如果沒有卡爾．薩根的堅持，這個經典的形象就不可能存在。

他為什麼如此堅持？他知道為什麼有人會對探索太空有如此大的熱情，同時他也知道這種感覺很難用言語清晰地表達，尤其是對公眾和外行表達。只有用一個真實的畫面，一個原來只有天文學家才能想像的畫面，才能讓公眾明白他們內心的感受。一個具體的形象，它蘊含的內容是無比豐富的。

這就是卡爾．薩根告訴我們的另一個方法，建立一個形象。我們介紹了卡爾．薩根用的兩個方法：創造概念、建立形象。這兩個方法卡爾．薩根親測有效，作為一個內行如果我們要想對公眾講出自己行業的觀點，這兩個方法都可以去用。

同構學習法更能接近事物本來的面目

因為這個世界絕大部分的知識領域，都可以分成兩類，也就是自然科學和人文學科。這兩個世界內部，往往都是同構的。

從一六三七年開始，一直到一九九五年，費馬大定理難住了人類三百多年。最後這個難題被誰解開了呢？是一個外行。美國普林斯頓大學數學系的教授，名字叫懷爾斯。但是請注意，雖然都是數學，但懷爾斯研究的領域跟費馬大定理沒關係，他研究的是橢圓曲線的學問。

費馬大定理所在的領域，叫模形式。它和橢圓曲線是數學的兩個分支，但是它們之間存在著一一對應的關係。說白了，一個是代數公式，它同時又對應著一個高等幾何結構。解開了這道幾何題，就間接地證明了費馬大定理。

一個領域的方法，可以對應解開另一個領域的問題。從一個領域入手，可以幫我們理解另一個領域的規律，這就叫同構學習法。有一個心靈雞湯的故事是這麼說的，撕碎一張世界地圖，讓孩子拼起來。這個工作本來很難，但是孩子很快就完成了。為什麼？

因為這張地圖的背面，原來是一張人像，孩子是反過來拼人像的，人拼對了，那地圖也就對了。那句心靈雞湯的說法是：人對了，世界就對了。這也完美解釋了同構學習法。

我們來看幾個例子。

比如，很早就有人發現了音樂和數學的同構關係。從古希臘畢達哥拉斯學派開始，到克卜勒、伽利略等，這些人都研究過音樂與數學的關係。

數學家萊布尼茨曾說過：「從基礎來說，音樂從屬數學。」什麼聲音好聽、什麼聲音不好聽，都是由嚴密的數學規律決定的。有人並不是音樂天才，但是從數學這個角度進入，也可以創作出不錯的曲子。比如，有一個美籍奧地利作曲家叫荀白克，他作曲不僅靠天分，還靠數學。他發明了一種「序列作曲法」，他通過在音符之間建立起一種數學式的模型來譜曲。

其實天才如莫札特，他的音樂也暗自用了數學的規律。

當然，同構學習法最重要的用途，不是解題和創作，而是學習。也就是通過一個領域的知識，來理解另一個領域。

還是拿音樂來舉例子。奏鳴曲式如果用專業術語來講，是呈示部、展開部、再現部，或者ABA結構、AAB結構等，記不住。

奏鳴曲其實就好比議論文，是不同的說話方式，比如先寫一個論點，或者寫兩個論點，再寫幾個論據，接著再來一個反面論證，最後重述主題就結束了。

有時奏鳴曲式先來第一主題，有的奏鳴曲比較大，來個第二主題，這就是呈示部，也就是論點。之後，所謂的展開部，就是論證這幾個論點。議論文中還有一種論證方式叫正反論證，就是舉反例，奏鳴曲中也有，大調轉成小調，把一個光明的旋律變成黑暗的，讓你體會一下。

最後議論文要總結點題，奏鳴曲也一樣，主題要再現，也就是再現部。

莫札特的奏鳴曲幾乎都是這樣的結構。奏鳴曲和議論文其實是同構的。

為什麼同構學習法有效呢？

因為這個世界絕大部分的知識領域，都可以分成兩類。一類是天然世界，一類是人造世界，也就是自然科學和人文學科。這兩個世界內部，往往都是同構的。

比如，在人造世界中，人的情感表達，無論是文字、音樂、美術，還是影片，在深層邏輯上也是同構的。觸類旁通，說的就是這個現象。

我們再深看一層，其實「同構學習法」不僅是可以用一個領域解釋另一個領域，它還有一種更大的作用：用一個領域的知識，去揭開另一個領域被刻意隱藏的東西。

比如在藝術領域，如果從藝術講藝術，就會拚命強調藝術家的創造力。這當然沒錯，沒有創造力，還叫藝術家嗎？但是，如果只這樣理解藝術，就會忽略一個被刻意隱藏的因素，那就是技術。

很多藝術家，都有獨特的技術工具，但是他們往往秘而不宣。比如，英國有一位畫家大衛·霍克尼。他發現，歷史上有一批畫家簡直是神了，畫的肖像畫線條極其精準，簡直和照相機拍的一樣，而且畫得很快。像維梅爾這樣的大師，是怎麼練出這門絕活兒的呢？

霍克尼經過多年研究後發現，原來他們用了暗箱，也就是我們中國人所謂的小孔成像原理。在畫畫的時候，用一台土法製作的投影儀把模特的形象投影在畫布上，勾出素描稿，再上色和塗抹，很顛覆吧？原來畫得像，不全是真功夫，還暗藏了機關。

學藝術的學生，往往總是被教導要學達文西畫蛋，只要功夫深，鐵杵磨成針。在這個領域裡，大家都在談技法和創造，很少有人談利用工具。但是用同構學習法來理解這個領域，你就會知道，所有領域的進步，本質上都是工具的進步。

尋找藝術發展史中工具進步的蛛絲馬跡，就會對藝術史有獨特的理解。

為什麼巴哈的所有鋼琴曲聽上去都波瀾不驚、沒有太多起伏，譜面幾乎看不到強弱記號？樂評家通常的一個解釋是，巴哈的基督教信仰拒絕人世間的激情，導致他的作品天然追求清澈空靈，音樂沒有強弱感。

這就是用藝術領域自己的邏輯去解釋，聽起來也很有道理。但用「同構」的方法來理解這個事，從技術發展史的角度來理解音樂發展史，結論就出來了。巴哈所在的年代，還沒有發明出能把音彈出強弱的鋼琴，不管你用什麼力度彈琴，音量都一樣。巴哈也想有激情，但那個時候的鋼琴（羽管鍵琴）不允許。這是不是更加接近事物本來的面目？總結一下，這一篇介紹的「同構學習法」，一共有三個用處：第一，解決其他領域的問題；第二，理解其他領域的難點；第三，揭開其他領域被隱藏的秘密。

棘手問題沒有終極的答案。
你永遠都別想徹底解決它，
它會一直存在。

你的解決方法不分對和錯，
只有結果上的好和壞，
好和壞也只能由你自己判斷。

從單純問題到棘手問題

做事的旁觀者，很容易把一切「棘手問題」當成「單純問題」。他們覺得，事情有確定的目標，有清晰的道路，如果沒有做到，要嘛就是我們不夠拚，要嘛就是敵人太壞。

我們人生在世遇到的問題有三類：單純的問題、兩難的問題和棘手的問題。

先來看第一類，單純的問題。請注意，單純的問題，不見得是簡單的問題，更不見得是容易的問題。

比如，指考，我們都經歷過。簡單嗎？容易嗎？想考取名校一點也不容易。但是，這仍然是個單純的問題。為什麼？

這一類問題，有明確的方向，有能讓人放心的答案，解決了就可以宣布勝利。即使一個學渣，他也知道自己怎麼就能考上大學。無非上課聽講、認真作題。考不上是因為做不到這些顯而易見的事。

在簡單社會，甚至是早期的工業社會，人類遇到的問題，也大多是這類單純問題。搞一個水利工程、修一個大教堂、打贏一場戰鬥都是這樣，目標確定，達到目標的道路清晰，剩下來的就是組織力的事情了。誰能組織起更多的力量和資源，誰能有效地使用這些力量和資源，誰就能贏。

在這樣的時代裡，權力和財富最重要。為什麼？因為這兩樣東西，是能把人和資源組織起來形成龐大數量的最好工具。說到底，還是因為數量優勢是競爭的關鍵因素。

但是，人生在世遇到的問題可不僅僅是這一種。還有一類問題，叫「兩難問題」。

成年人的生活中，大多面對的是「兩難問題」。

今晚有點時間，是約個會，還是去健身房呢？手頭有點錢，是買個房、付首付呢，還是炒個股呢？甚至每次到餐館裡點個菜，都會時刻面對這種兩難。

這種「兩難問題」和前面講的「單純問題」，區別在哪裡？在於它沒有唯一的正確方向。比如找工作，如果世界上真有事少錢多、離家近的工作，你早就選了，但是根本就沒有那樣的好事。通常面對的都是錢少但是安逸，或者錢多但是不穩定這樣的職業選項。在這種問題裡沒有攔路虎，也沒有要克服的困難，有的只是糾結。

很多大學生快要進入社會的時候，經常有個口頭禪，叫「迷茫」。這種迷茫的本質，是他的人生的主要問題類型，從第一種「單純問題」，切換成了第二種「兩難問題」了。他過去的人生經驗，大多是用來應對第一種問題，現在面對兩難問題，既沒有目標，也沒有道路，那可不就迷茫了嗎？

不過，「兩難問題」還不是最難的。最難的問題，是「棘手問題」。一個人走入社會之後，多少要為社會承擔一點責任，尤其是你要給別人做主的時候，「棘手問題」就出現了。

比如，全球範圍內的問題，地球變暖；一國範圍內的問題，貧富差距加大；一個公司的問題，專業化還是多元化；一個家庭的問題，孩子上什麼學校等都是「棘手問題」。

一九七三年，加州大學伯克利分校的兩個公共政策專家里特爾和韋伯，提出了棘手問題的十個特徵：

1.這個問題沒有清晰的定義，它不像指考數學題給你寫好了條件讓你證明。

2.它沒有終極的答案。你永遠都別想徹底解決它，它會一直存在。

3.你的解決方法不分對和錯，只有結果上的好和壞，好和壞也只能由你自己判斷。

4.你採取的應對措施，不會立即看到結果。你也許根本不知道你做的有沒有用，也許還會出現意想不到的結果。

5.沒有專門給你做試錯練習的地方，你的每一個動作都會產生影響，你一上來就是實操。

6.連有什麼選項，都不清楚。

7.沒有先例可循。前人的經驗不會對你有太多幫助。

8.這個問題很可能只是一個更深的問題的症狀，但是它背後不止有一個問題，盤根錯節，可能根本就沒有根源。

9.有很多利益相關方對這個問題有自己的看法，他們想要的解決方向不一樣。

10.如果你上手，那將來不論是什麼結果，你都得負責。

不管怎樣，如果你帶了一個小團隊，或者是你開始養兒育女，只要是你開始對這個世界負點責任，要為別人作決定的時候，這個類型的問題就開始出來困擾你了。

比如全球變暖問題，看起來，解決方案很簡單，不就是節能減碳嗎？大家好像都同意。一旦到了執行細節，麻煩就來了。發達國家現在不搞工業了可以節能減碳，發展中國家呢？全靠工業賺錢，跟發達國家同等減排嗎？這不公平。更何況，全球變暖對某些國家來說也許還是個好事，比如，俄羅斯公民也許就會歡迎全球變暖。

那怎麼解決棘手問題呢？這個問題本身就錯了。棘手問題，不是用來解決的，它也許根本就解決不了，只能應付，要作好與它長期共處的準備。

殊不知，那些頂著罵名，從來沒做過一件快意事，小心翼翼永遠不敢用力過猛，明知根本就沒有什麼勝利的彼岸等著他，還在那兒吭哧吭哧地維持著局面的人，才是真正值得尊敬的。

這就是典型的處理「棘手問題」的人的形象。

這篇文章，我看到這裡的時候，想起了一個人，晚清的李鴻章。

他說自己是大清的「裱糊匠」。原話大概是這樣，李鴻章說：「我辦了一輩子的事，練兵、辦海軍，其實都是紙糊的老虎。從來不能放手辦理，只不過是像裱糊匠一樣，拿紙糊起來一間房子，虛有其表啊。如果不揭破，還可以敷衍，看起來還像個樣子，還能拖著用。如果這個時候來一個人，說你這紙糊的房子怎麼行呢？得有個根本的解決方案，把紙全部扯掉。最後的結果只能是不可收拾。」

在這段話裡，李鴻章的自我定位就是一個處理「棘手問題」的人。其實何止是他，幾乎所有的知名政治家、企業家，都是在做這樣的事。事後看起來，好像他們有目標、有方法，但那是事後總結出來的。只要身在其中的人，每一步都極為艱難，就都像李鴻章當裱糊匠一樣。

但是還有一種人，就是做事的旁觀者。他們就很容易把一切「棘手問題」當成「單純問題」。他們覺得，事情有確定的目標，有清晰的道路，如果沒有做到，如果他對當前局面不滿意，他就認為要嘛就是我們不夠拚，要嘛就是敵人太壞了。等到有了權力，他們就會一把扯破那個紙糊的房子，最後的結果不可收拾。

理解了這三種困難的區別，我們才能理解，為什麼在複雜局面裡，關鍵局部的關鍵人物才決定了全域成敗。因為，只有他們才知道什麼叫作「棘手問題」。

組建「內心董事會」處理棘手問題

棘手問題的特點，就是它的內部包含了無窮多的複雜性，短期的、長期的，各種利益訴求纏在一起，像亂麻一樣。你如果只考慮自己的偏好和訴求，可能就永遠解不開。

當你要對社會、對他人負點責任的時候，棘手問題往往就來了。這種問題沒有清晰的路徑、沒有明確的目標，甚至根本就沒有徹底解決的可能性，你只能不斷跟它搏鬥、和它共存。成人世界裡，有大量這樣的棘手問題。

那怎麼辦呢？難道只能苦苦煎熬、見招拆招，甚至是束手無策嗎？

也不是。這一篇就跟你聊聊，處理「棘手問題」的一個很有用的心法，那就是組建一個你的「內心董事會」。

請注意，這個董事會不是實體的，不是一幫人坐在這裡開會，而是組建在你內心裡，是需要一點想像力的。說白了就是你一個人的一場思想實驗。

「每天聽本書」這個產品，聽起來概念很簡單，就是用二十到三十分鐘的時間，幫助你解讀一本書的精髓。這種產品不就是選書、寫稿、品控、製作、上線就行了嗎？其實沒有那麼簡單。這個產品包含了非常多的維度。反應要快、品質要好、短期要能覆蓋成本、長期要能累積價值，還要能滿足各種合作者的訴求。要把所有這些都平衡好，其實是一個典型的「棘手問題」。

阿獅就講，她作為團隊的負責人，在各種選擇關頭作判斷的方法，就是假設自己有一個決策團，這個決策團由她假想出來的六個人組成。

第一個人，是一個現在掏錢訂閱的用戶。

給這樣的用戶提供什麼樣的價值呢？其中很重要的一點，是新書。市場上剛剛熱起來，馬上要成為話題的新書，讓用戶用很短的時間作個瞭解，這是一種很重要的知識服務。用戶能靠這種服務，和社會的熱辣議題保持同步。

一個現在的用戶，坐在假想的內心董事會上，他會為高價值的新書投上一票。所以他們的團隊就這麼做，我們的主編幾乎是守在各大出版社的門口，直接拿人家還沒下廠的排版文件，回來和作者老師打磨稿件。這是什麼效果？新書上市之日，就是聽書產品上線之日，要做到這個速度。

但是董事會上只有這麼一個人是不行的，也就是只有新書是不夠的。這畢竟是一個要長期累積的產品，人類歷史上的經典書呢？比如，流傳了幾千年的柏拉圖的《理想國》，甚至有一句話說整個西方哲學其實都是這本書的腳注。即使到了今天，即使是中文市場，這本《理想國》每年也還有二、三十萬冊的銷量，超過絕大多數新書、暢銷書。這樣的書，也需要解讀。

阿獅說，她在「內心董事會」裡，還得想像出第二個「董事」，一位十年後的用戶。他的決策依據不是這本書新不新，而是在乎這本書夠不夠經典、有沒有長期價值。所以「每天聽本書」這個產品裡，就有了「鎮館之寶」這個系列。

這還不夠，「內心董事會」還得有第三個成員。誰呢？一個普通人。他沒有特別的偏好，也沒有特別的知識儲備，這個人也得請到董事會裡來。為什麼？為了品質控制。一個沒有偏好，也沒有專業知識背景的人，聽懂了一本書，而且對它產生了興趣，這個聽書產品的品質才算過關了。

這個普通人在「內心董事會」裡的角色，有點像古羅馬的「保民官」，沒有決策權，但是有否決權。對啊，再好的書、再好的解讀，普通人要是聽不懂、沒收穫，他當然要一票否決。

還有第四個人，阿獅說，我把他想像成一位馬上要畢業準備求職的博士生。這位假想中的博士生，現在面臨兩個選擇，第一個是留校當老師，升副教授、教授一路這麼下去。第二個，就是來到我們團隊，成為「每天聽本書」的專職作者，成為專業的知識服務者。他會怎麼選呢？

換句話說，將這麼一位假想的博士生請到了內心董事會裡，他的視角就是這個產品能給它的生產者提供什麼價值，能不能讓生產者獲得有尊嚴的收入、一定的社會聲望，能不能提高手藝，等等。這又從另外一個側面約束了產品的發展。

還有第五個人，那就是出版社的老師。這個產品解讀了他出版的書，能不能讓這本書的銷路更好、讓出版社的品牌更增光，這是他在董事會裡要考慮的事。

還有第六個人，也是很重要的視角，就是這本書的作者。他最關切的是，解讀他的書，會不會有誇大、缺損、誤讀和扭曲？

阿獅說，當這六個人都坐在一張桌子上時，她每作一個決定，都要在心裡開這麼一個董事會，讓每個人發表一下意見，甚至是投個票，接下來該怎麼做，就清楚了。

你不必真的去徵求所有人的意見。每個人基於不同的立場，明擺著就有不同的利益關切。只要你心裡有他，他就可以幫助你決策。

兩百年前，奧匈帝國的首相梅特涅就說過一句話，政治學最偉大的價值，就在於清晰判斷各方的利益。怎麼清晰判斷？就讓他坐到你內心的董事會上嘛。

這麼做的妙處在於，一個生活中並不存在的人，也可以被你考慮在內，成為你作判斷的依據。比如剛才說的那位十年後的用戶，我們並不知道他是誰的博士生等等。這就把潛在的，甚至是未來才會出現的利益相關方也拉進來了。你要是在真實世界裡組建一個董事會，反而是做不到的事。

要知道，這種「內心董事會」的做法，不是新發明，人類其實一直有這種思考的傳統。在西方，基督教的「上帝」就是這樣的存在。只要你是一個基督徒，任何一個決策關頭，這個假想出來的董事會成員，就會坐在那裡。不管你最後有沒有聽他的建議，他都坐在那裡，對你的人生、對你每一個決定起作用。

中國人有沒有這樣的董事會呢？其實也有。比如司馬遷的《史記》裡面，就經常說到一個詞，叫「不祥」，意味著不吉利。比如，看見項羽把投降的人殺了，劉邦就說這麼做「不祥」。看見一個叫陳嬰的人暴得大名，陳嬰的媽媽也嘟囔說，這個事「不祥」。你看，他們不是說這個事不對，或者說不好，既沒有從是非著眼，也沒有從利弊著眼，他們說「不祥」。這是什麼？這就是把一位假想中的老天爺請到了內心董事會上。

你做這件事，老天爺答應不答應，喜歡不喜歡？這是一個重要的決策依據。老天爺走進了你的內心董事會。

還有一種「內心董事會」的開法，你不用請別人，你就請自己，請不同情境下的自己。

比如說作一個決策的時候，反覆問自己下面這些問題：

如果我現在一無所有，從頭開始，我會怎麼選擇？如果我明天就要死了，我會怎麼選擇？如果我當著我的孩子，我會怎麼選擇？如果我冷靜三天之後，根據我對自己的瞭解，我會怎麼選擇？如果十年後的我現在就在我身邊，他會建議我怎麼選擇？如果我最佩服的人現在就在我身邊，他會建議我怎麼選擇？等等。

回到我們一開頭提的那個問題，怎麼處理棘手問題？棘手問題的特點，就是它的內部包含了無窮多的複雜性，短期的、長期的，各種利益訴求纏在一起，像亂麻一樣。

你如果只考慮自己的偏好和訴求，可能就永遠解不開。我們這一篇推薦的思考方法，開一個「內心董事會」的好處就是你能獲得一個機緣，一個思考的角度，跳出來看所有人的想法，在不實際驚動任何人的情況下，沒準兒你就能找到一條通向解決方案的黃金小道。

做刺蝟還是當狐狸？

當一隻現實主義的狐狸，但是在現實主義的世界裡，也給理想主義的刺蝟留一份尊重。

有一句話你應該聽說過，著名哲學家以賽亞．柏林說：「刺蝟知道一件大事，狐狸知道許多小事。」這裡提到的刺蝟和狐狸，象徵著兩種不同類型的人。

知道一件大事的刺蝟，他心裡只有一個念頭，拿著錘子看什麼都是釘子，以不變應萬變，很亢奮，也很狹隘。要是碰對了，能做很大的事，若是碰錯了，就可能造成很大的災難。

狐狸不一樣，他是現實主義者，他知道許多件小事，他心裡沒有什麼宏大敘事，也不急於找到根本答案，兵來將擋，水來土掩，走一步看一步，根據反饋決定下一步，以萬變應萬變。

這兩種人，我們生活中都遇到過。我們該當哪一種人？如果在一百年前提這個問題，大家大概率會認為刺蝟是好的。在當時的觀念裡，人對這個世界的認識是充分簡潔的。孔子說，「吾道一以貫之」，佛家有所謂的「四法印」，牛頓用簡潔的公式就能解釋龐大的宇宙，愛因斯坦甚至就靠一個招牌公式打天下。

那個時代，有思想的人，就是能夠把複雜的世界抽象成一件事、一個道理、一個公式，那個時代的思想家都有自己的招牌思想，這就是「刺蝟的時代」。

直到今天，還是會有很多人希望能夠把世界抽象到這種程度，要不為什麼那麼多人在談第一性原理，談回到初心？

但是你觀察到沒有，簡單原則，其實得靠複雜的操作才能支撐。簡單原則大多數時候就是個口號，落不了地。

舉個例子。橋水資本創始人瑞・達利歐的《原則》這本書很火。書中提到，瑞．達利歐在他的公司管理中採用「講真話」原則。這個原則要求包括他自己在內的公司員工極端誠實，對人對事有什麼意見一定要當面講出來。聽著挺對吧？我們都想生活在這個世界裡。但是你想，如果有人一直講真話，講到了不顧場合的地步、講到了不可理喻的地步、講到了無法說服的地步，那會是什麼情況？我猜想瑞．達利歐遲早也會動用自己的權力，要嘛禁止他講話，要嘛乾脆把人開了。

講真話這個原則，其實不可能徹底貫徹。現實情況是什麼樣呢？原則可以不變，但什麼真話可以講，什麼場合可以講，可以講到什麼地步，什麼時候必須閉嘴，在他們公司裡一定是有一套默認的規則。你如果沒弄懂這套複雜的規則，只掌握一個簡潔的原則，在這家公司是生存不下去的。每個世界的原則背後，都有悖論，都需要我們動用世俗智慧將它補齊。

再比如，有人問神父，我祈禱的時候可以抽菸嗎？神父說，當然不可以。又有一個人問，我抽菸的時候可以祈禱嗎？神父說，當然可以。你看，原則就是一個，人要虔誠地祈禱，看起來很簡單圓滿，但是一旦回到現實世界裡的行動，馬上變成悖論。這就是用刺蝟方式來生活的難題，會出現悖論。

哲學家叔本華說過，每個人都把自己視野的極限當成世界的極限。但凡認識到這一點的人，都不肯當刺蝟。刺蝟只知道一件事，一件事不可能是全世界。我們知道，世界是不確定的，因果鏈條是雜亂糾纏的，社會系統是動態的，我們都不肯像刺蝟一樣，宣布自己知道終極答案。

既然刺蝟不行，當一隻「知道很多小事」的、現實主義的狐狸好不好呢？狐狸的生活方式，其實就是我們經常講的「多元思維模型」。

狐狸怎麼行動呢？他們根據世界給他們的反饋行動。網路時代，我們都知道這樣做的好處，所謂「小步快跑，快速迭代」，這都總結成方法論了。

狐狸不要高興得太早，狐狸從反饋中學習，但是反饋中可能會有陷阱。

先來看看狐狸是怎麼接受反饋的。這不是說動物狐狸，是說我們這些在網路的高速反饋中訓練出來的一代人。

我們接受世界反饋的來源主要有三種：第一種反饋，是得失，贏就繼續，輸就變化；第二種反饋，是榜樣，跟榜樣一樣就繼續，不一樣就變化；第三種反饋，是環境，適應就存活，不適應就淘汰。根據這三種反饋學習，本質都是適應性學習。

但是請注意，這裡面有陷阱。

所有的適應性學習，都是短視的。不論給反饋的是成敗、榜樣還是環境，都只能給你局部的和當下的反饋，你根據這個作出來的調整，當然也就是局部的和短暫的。

最典型的例子就是上市公司。上市公司的管理者，為了股價好看，逼得自己每一年，甚至是每個季度都要保持利潤增長，結果反而沒有長期增長的新引擎，每一步都很滿足，最後卻落得沒有未來。

在美國資本市場上就有這樣的惡性操作，趁股價不好的時候收購公司，拚命地縮減成本，比如大量解雇員工，把利潤做好看，股價上漲，再賣出去。但是減成本有可能損傷公司的長期競爭力，公司就完了。這就是利用短期反饋做的惡性收割。這是很悲慘的一種路徑。

有這樣一種人，他贏了每一局比賽，最終還是輸了。

原理很簡單，如果每一局都贏，每一個短期都得分，就意味著你變得越來越適應現在這個環境，獲得了越來越多的穩定，到最後喪失了創造力，整個環境都被你的行動策略撐滿，環境都被你所用。如果環境不變，你就是王。但要命的是這個時代，環境不僅在變，而且越變越快，一旦發生劇變，用什麼去對付變化？

最典型的例子是當年的日本，從明治維新到甲午戰爭、到日俄戰爭、到抗日戰爭，他們打贏了每一仗，但是，等他們把自己的環境撐滿，再往前走一步，珍珠港偷襲，惹翻了美國人，環境就發生了巨變，接下來就是毀滅性的災難。日本是贏得了每一個戰術勝利，終於一步步地把自己帶進了一個戰略陷阱。

這就是狐狸的問題，不要以為現實世界就可以獲得現實的勝利。

問題來了，當刺蝟不行，當狐狸也不行，怎麼才行？當狐狸，但是同時搭刺蝟的便車。

第一，我們自己要是一隻狐狸、一個現實主義者，敏銳地感知環境的反饋，不斷地調整自己，不斷地使用新工具。第二，對這個世界上的刺蝟好一點。刺蝟本身的下場也許會很慘，但是他們有一項獨特的本事，是著眼於長期，總是會給我們發來長期主義的訊號，這是現實主義的狐狸世界裡最稀缺的東西。第三，看好、警惕那些刺蝟，聽他們說的話，但是小心他們把你帶到溝裡去。

總結成一句話就是，當一隻現實主義的狐狸，但是在現實主義的世界裡，也給理想主義的刺蝟留一份尊重，留一個有邊界的位置。

故事是人類傳達訊息最重要的一個工具。

故事思維——什麼是故事思維？

我們永遠只會從弱者的角度來思考問題。故事思維經常讓我們落入這種單向思維的認知陷阱中。

很多年前我讀過一本書，書名已經忘了，裡面的其他內容也全忘光了，就剩一句話我一直記到了今天——人是一種故事動物。

剛開始讀到它的時候覺得好奇怪，這未免也太奇談怪論了，但是隨著年歲越來越長，我越來越覺得這句話就是真理，尤其是我進入媒體這一行後。

一個新聞學院的畢業生學會把各種訊息、知識、規律、數字裝到一個故事的外殼裡再表達出來的時候，才能稱為登堂入室會幹媒體這一行了。

原來我在電視台的時候，製片人批評編導最重要的一句話是你不會講故事。對，故事是人類傳達訊息最重要的一個工具。

我們普通人平常不會去學一點現代的醫學知識、天體物理知識，可是一旦把這些知識裝到故事裡，比如說美劇，《實習醫生》、《急診室的春天》、《宅男行不行》，這些知識就散入了平常百姓家。有些人老講我這知識特別好，老百姓特別low，聽不進去。錯，僅僅是因為你不會講故事。

西方有一句諺語說，真理是赤裸的，大家都不待見它，於是它跑到村裡去借了一件衣服，穿上之後成為大家的座上賓，這一件衣服就是故事。

人類所有的訊息世界，甚至是觀念世界都是由故事塑造成形，可是這也順便帶出新的問題。故事產生的第一個問題就是偏離事實真相。我有一位研究歷史的朋友，他就經常跟我講，外界對歷史學界有一個重要的誤區，總以為研究歷史的人就能還原事實真相，其實沒那麼容易，事實真相太過複雜，不可能還原的。

搞歷史的人唯一的任務就是基於公認的史料，給出一個解釋系統，說白了就是講故事，只要在邏輯上推得通，言之成理，持之有據，這就是歷史學的大家。所以研究歷史和找到真相完全是兩回事，後者其實是偵探的任務，不是歷史學家的任務。

故事思維帶來的第二個問題就是在我們的認知系統當中會形成大量的誤區，甚至是盲區。下面要講的就是故事思維帶給我們的一個盲區。

什麼是故事？古往今來所有的故事都只有一個模式，講弱者怎麼戰勝強者。這個強者可能是環境，不見得一定是具體的人物。我們熟悉的故事都是這個模式，從最古老的龜兔賽跑，西方小紅帽與大野狼、白雪公主，到中國的赤壁大戰、神筆馬良，現在的葫蘆娃，甚至所有好萊塢的大片，都是弱者戰勝強者。即使正面人物主人公已經強大到蜘蛛人和超人那個地步，故事的作者也一定要給他設置一個更強大的對手——邪惡力量。

這麼講故事本來沒有問題，人類天生有一種同情弱者之心，但是它在我們的認知當中形成了一個慣性，我們永遠只會從弱者的角度來思考問題。

比如說喜羊羊和灰太狼的故事，我們天然只能站在喜羊羊這一邊——他是弱者嘛——來看整個情節的發展。我們就特別容易得出一個結論，弱者之所以戰勝強者，是因為弱者身上的美德。比如說龜兔賽跑裡面的烏龜，牠就是因為勤奮和堅持所以贏了嘛；再比如說赤壁大戰裡面的孫劉聯軍，就是因為諸葛亮的聰明和智慧所以贏了。

我們很少站在反面想一想，強者之所以經常敗給弱者，是不是因為強者自身也有一些問題呢？這就是故事思維對我們視野造成的遮蔽。

提到故事思維得感謝一本叫《以小勝大》的書，這是一本名著，它的作者叫格拉威爾，他寫過的另外兩本書也許更有名，一本叫《引爆趨勢》，很多研究社會化傳播的人都把《引爆趨勢》奉為聖經；另一本書叫《異數》，羅永浩也曾推薦過，講的就是著名的一萬小時定律。《以小勝大》這本書也是他的一本力作，但是它的價值長期被低估了。

這本書講了九個故事，每一個故事都在詮釋強者的弱點。你不覺得這句話有語病嗎？什麼叫強者的弱點？比如說一個富有的窮人或者說一個好的壞人，這好像在語法上就講不通，這個邏輯有趣就有趣在這兒，它告訴我們為什麼強者同時也是弱者。

讓我們回到《聖經》中的一個故事，這個故事也是《以小勝大》這本書的副標題，叫「大衛和哥利亞」。

很多人可能都知道這個故事，我們還是把它的細節向沒聽過的讀者介紹一下。大衛這個人現在非常有名，源於米開朗基羅雕的那座塑像大衛像。它是西方男子完美身材的象徵。當時是這麼回事，義大利的佛羅倫斯人先打了幾個大敗仗，民心、士氣受到很大的挫折。怎麼激勵一下大夥、給點雞湯喝一喝呢？於是大夥湊錢邀請當時只有二十多歲的雕塑家米開朗基羅雕刻了一座大衛像。為什麼不雕刻凱撒像，偏要雕這個大衛像呢？這是因為在西方的歷史傳統中，尤其在《聖經》主導的基督教的歷史傳統當中，大衛這個符號的意義，是以弱勝強。

大衛是公元前十世紀以色列人的一位王，以色列人歷史中有很多著名的王，例如掃羅王、所羅門王，但最著名的是這位大衛王，他現在的形象至今仍留在撲克牌當中，撲克牌當中的黑桃K，最大的那張K就是這個大衛王。

大衛王後來發生的很多故事，這裡都先不講，我們就看他在歷史舞台上登台亮相的第一個瞬間——大衛戰勝哥利亞。哥利亞是以色列的死對頭腓力斯人派出來的一位猛士，這個傢伙個頭兒非常之大，在當時的營養水平下居然長到了二百零五公分。腓力斯人和以色列人打仗時，叫哥利亞來助陣，哥利亞一出場就大喊：「誰敢跟我打，誰敢跟我打？」一連喊了四十天，當然這個數字我也不大信。傳說哥利亞一天喊兩遍，以色列人就嚇傻了，這麼一位大個兒勇士誰能打過他呀，大家都不敢出戰，這個時候大衛就出場了。

大衛當時可不是王，他只是一個普通的放羊娃，一個牧童。他走到當時以色列人的王掃羅王面前，說我願意去出戰。掃羅王說你一放羊的小孩，哪能打仗，去去去，一邊去。大衛說別小看我，我可以的。放羊時，很多獅子、熊偷走了我的羊，我就會跟著牠們，把獅子、熊給打死，救回我的羊。

不知道為什麼這獅子缺心眼，逮著羊不馬上吃，還留下機會讓他給救回來。掃羅王聽後說，你好像也挺行的，要不你就去吧，我這裡有一副好盔甲、一柄好劍，你拿上。大衛說，不用，我穿上盔甲連路都不會走，我什麼武器都不用，我自己去就行。

於是大衛就帶上了自己平時放羊用的棍子上了戰場，沿途在地上撿了幾個石子放在自己的肩袋裡面，奔著哥利亞就去了戰場。

哥利亞說，喲呵，來一個小孩，手裡只拿個棍子？簡直是在侮辱我呀，你過來，看我不把你打得落花流水。

大衛走上前，拿出了一個拋石器，拋石器就是兩根帶子中間夾有一個皮囊，大衛把路上撿的石子放在這個皮囊當中，拎著兩根帶子掄起手轉大圈，轉到一定速度之後放開其中一根帶子，石子就順勢飛出。

哥利亞是個重裝步兵，全身頂盔冠甲，但是有一個地方沒有任何防護，就是自己的臉，尤其是前額。這顆石子就直接擊中了哥利亞的前額，這個傢伙咕咚一下就倒下去了。

大衛三步併作兩步地走上去，用哥利亞自己身上的劍將他的頭顱割下來。腓力斯人一看，自己最猛的勇士都已經死了，就四散奔逃，大衛王贏得了這場以弱勝強的戰鬥。故事就是這麼簡單。

我們稍微復盤下這個故事，就知道訣竅在哪裡了。首先，哥利亞是當時典型的重裝步兵，他渾身的盔甲有一百多磅重，渾身防護得非常好，他手裡還帶著三樣武器：第一是投槍，這是步兵、重裝步兵用的一種遠程武器，在敵人還在很遠的地方時就可以投射過去；第二，一個杆矛，這是近戰武器；第三，是身上帶著的劍，這是用於更近戰的武器。他身邊還有一個人拿著一個盾牌來為他防護，這是典型的重裝步兵的戰鬥裝備。

可是古代戰場上的兵種可以粗略地分成三類：第一類，就是哥利亞這種重裝步兵；第二類是騎兵；第三類就是大衛王這種投石手或弓箭手，遠距離拋射武器。

重裝步兵、騎兵和投石手，他們之間構成了一種循環克制的關係，有點類似我們今天玩的剪刀石頭布這個遊戲的邏輯，本質上是循環克制的。

我們來看他們之間的關係。投石手最怕的是騎兵，因為投石需要準投，人家騎兵是在高速運動當中，可能會投不準，騎兵若是迅速跑到附近，缺乏近戰武器的投石手當然會吃虧。騎兵也有一怕，他怕的是重裝步兵，重裝步兵一旦用長矛結陣，騎兵是很難克制它的。重裝步兵怕的又是誰呢？恰恰又是投石手，因為你頂盔冠甲那麼重，幾乎沒有機動性，你相當於一個肉靶子，身上只要沒有防護的地方都很容易被弓箭或者是投石擊中。你可千萬不要小看投石這種武器，中國人不太熟悉，我們習慣於用弓箭。當時古羅馬的部隊還專門發明了一種鉗子，用於取出嵌入士兵身體中的投石。投石可是古代歐洲戰場上經常用的一種遠距離拋射武器。

現在以色列軍隊甚至專門組織了一項研究，調查他們的老祖先大衛王的投石器，測算它的威力到底有多大。他們測算了投石器的速度，發現繩子最快的時候可以轉到一秒鐘六到七圈，一旦放開其中的一根，石頭飛出後的速度可以達到每秒三十四到三十五公尺。如果哥利亞和大衛之間的距離只有三十多公尺，重裝步兵還沒來得及開始作戰，只需要一秒鐘的時間，投石手的石子已經飛過來了。每秒三十四到三十五公尺是什麼概念呢？老式的土法手槍就有這個速度，你不要小看它是冷兵器，其實它已經達到了手槍的效果，哥利亞之死因此無法避免。站在大衛這一邊其實很容易算明白這筆帳，弱者是怎麼戰勝強者的。

但是還有另外一筆帳，這就得看哥利亞這一邊，他的秘密其實就藏在他的個頭裡面。剛才提到他有二百零五公分的大個頭，當時的營養水平下怎麼會有這樣的大個頭兒呢？現代醫學告訴我們這是一種病，腦垂體上面長了個瘤，刺激生長激素的發展，造成了肢端肥大症，這個人就會長得特別高，當時古代人覺得這是一個巨人。

巨人當然力量大，但是他也有很多毛病，比如說因為肢端肥大症他行動不便，此外，現代醫學發現患有這種病的人通常視力都不好。例如，他旁邊帶著一位給他拿盾牌的人，這個人其實還負擔另外一項使命，就是給他指路，只要你走到他近前，他確實力量大，可以馬上戰勝你，可是你離他三十多公尺對他發射一顆石子，他視力又不好，根本就看不見，他只有倒地身亡。哥利亞在戰場上還說了一句話，說你過來，看我不把你打得落花流水。

當現代醫學解開這個謎題之後就明白，哥利亞其實是這場戰鬥當中的一個弱者。舉這個例子，是想告訴大家，故事思維經常讓我們落入一種單向思維的認知陷阱中。

什麼叫單向思維？典型的單向直線思維認為有資源很好，那多一點資源當然就更好，資源越多就越好。但現實生活中不是這樣，我們可以調動自己的日常經驗，比如說肚子餓了，吃一塊餅嫌少，兩塊餅不夠，三塊餅剛剛好，五塊餅撐著了。當有人逼你吃第十塊餅的時候，餅就開始變得難吃起來。這就是經濟學中的「倒U形曲線」，用學術的話來講就是隨著資源的增加，在第一個階段效用隨之增加，可是會遇到一個臨界點，一旦過了這個臨界點繼續增加資源，它的效用反而會下降，這就是「倒U形曲線」。

《以小勝大》這本書裡面就提到好多這個方面的例子，隨便給大家講兩個。美國的教育界二十世紀就經常討論一個問題：怎麼提高美國的教育水準呢？當然要增大投入，這就是資源的累積。教育投入增加之後會產生什麼效果呢？當時就提出一個方案叫「小班授課」。

一個班上的學生像中國基本上四十或五十個人一個班，這是大班，每一個學生享受的教師的教育資源相對就被攤薄。如果小班授課，比如說一個班只有十個學生，那老師關照每一個學生的精力相對就會增多，教育質量當然就上來了。二十世紀美國上上下下都在討論這個問題，我們能不能不給教師加工資，而是選擇雇用更多的教師對學生小班授課。

最開始是在加利福尼亞州出台了這個法案，很快全國二十多個州都跟進，他們把一個典型的中學班從二十多個人拆解為九～十個人。可是教育的觀察者追蹤研究發現，教育質量不但沒有提升，甚至很多地方還有所下降，當時全世界的發達國家都在學習這一套，例如歐洲、新加坡，教育追蹤研究發現，它們的教育質量同樣是沒有提高，這就不是美國一個國家的事了。

那問題出在哪兒了呢？後來研究得知，教育質量提升可不是教育資源投入這一個維度上的事，還有很多維度在影響著教育質量，比如說學生的交往環境，多元化一旦喪失之後，資源投入越多往往越壞事。你可以想像一個場景，一個班上只有九～十個學生，如果其中有一個學生氣場特別強大，就容易讓這個班的社交關係發生板結，大家結成死黨。如果這個有影響力的學生再是一個壞孩子，他就容易帶領全班學生和老師對著幹，老師拿這個鐵板一塊的學生團體一點招兒都沒有。

老師們還發現，在教學當中，比如說做作業，裡面發生的錯誤也基本上差不多，裡面出現的精采答案也基本上單一化，原來那種多元化的教學態勢再也沒有了。

我們都知道美國的老師經常在班上搞一點課堂討論，可是九～十個人的一個班，課堂討論簡直就是災難，課堂積極性根本就組織不起來，因為能說會道的學生就一、兩個，大家喪失了多元性之後，學生思維激盪的環境就徹底喪失了，教育質量就下降了。

再舉一個例子。我們一般人都認為家庭越富裕，孩子享受的教育資源就越好，成長就越順利。比如說美國的監獄裡面為什麼關押那麼多黑人？不是因為黑人天生就壞，而是因為他們比較窮，小時候沒有好的教育資源，長大後就容易走上歪道。

難道說家庭越富裕孩子的成長就越順利嗎？又沒有這個規律。美國的教育觀察者就發現，當家庭年收入超過七萬五千美元，大約人民幣四十五萬元的時候，這個家庭反而會大概率出現教育問題。為什麼？道理很簡單，因為教育不是一個單向的事，它也符合我們剛才講的「倒U形曲線」。在第一階段，當然越有錢教育資源就越優質，孩子受教育程度就會越好，可是一旦過了那個臨界點，孩子反而會喪失學習的積極性，第二個維度影響開始出現，就是選擇的場景。

我們都知道，每一個人的教育其實是不斷地從小就面對各種各樣的選擇，我們的價值觀和能力都是在各種選擇當中培養出來的。可是富裕家庭的孩子要什麼就有什麼，他就沒有選擇，如果家庭沒有那麼富有，父母就經常會讓孩子面對選擇，你想同時要兩樣，對不起，父母買不起，你只能挑一樣，孩子就要面對選擇。

美國的家庭當中還有一種慣例，如果家庭不是很富有，孩子小時候經常要打一些臨工，比如給鄰居家剪剪草地、掃掃雪，一旦孩子進入這樣的市場，他雖然只做力所能及的小事，但是他馬上就培養出適應各種各樣的選擇場景的能力。比如說他要學會看帳本，學會討價還價，學會討顧客歡心，學會聯合周邊的朋友一起工作獲取高效率的協作，選擇場景一多，他自然成長得就比較快。

美國矽谷現在很多風口浪尖上的創業者，大多出生的家庭既不是特別窮的，也不會是大富之家，這樣的孩子往往最有出息。

我有一個朋友是一家大公司的高管，因為家裡很有錢，孩子教育出了問題，後來他就找到了一個教育孩子的竅門兒。他告訴我，騰訊網有一個專門的頻道，舉辦了成百上千個公益項目，但捐助金額都非常小，比如說一毛錢、一塊錢。他每個月給孩子十塊錢，讓孩子把它分成十份，一份一塊錢，讓孩子到騰訊網站上去投資公益項目、去獻愛心，孩子也覺得自己非常有存在感，就由父母陪著去選。這個過程培養了孩子的選擇性，給他這樣的場景，反而是一種非常好的教育方式。可是富人的孩子就沒有這個幸運了。

學會了用這種多維視角看問題的方法，理解了「倒U形曲線」的時候，我們再來看哥利亞和大衛的戰鬥，就不難解釋哥利亞為什麼一定會輸了，因為他的強大越過了臨界點。如果他僅僅是一個一百八十公分的大高個，行動敏捷，視力也沒有那麼差，沒準兒他就能躲過石子，大衛反而會輸。可是他越過了臨界點，雖然表面上看起來很強大，但是他付出了行動不便和視力很差的代價，所以他必敗。

說到這兒，我們可以把這個理論再往前推一步：什麼是強者？強者往往是在一個靜態的系統中，你看他比較強，可是一旦從時間演化的動態視角去研究強者為什麼強，答案也許會讓很多強者很洩氣：因為他弱所以他要變強。

此話怎講？我現在也在創業，我周邊也有很多創業者，大家在交流公司組織如何變大變強的過程中，往往帶著很多無奈發出一聲嘆息，公司的人越來越多，公司要賺的錢越來越多，要解決過去在小規模的狀態下解決不了的問題，說白了公司變強變大其實是被迫的。

比如說剛開始五、六個人的團隊，十個人以內大家都有幹勁，也不分彼此，還沒劃分部門，這時其實是最強悍的一支團隊。漸漸地團隊成員增加了，十個人的團隊要有專門的行政人員為大家服務，擴大到二十個人，我們再招人的時候是不是要有專門的人力資源部門呢？等到五十個人的時候，創業者會發覺企業文化已經有點稀薄了、有點亂了，要不要專門成立企業的文化組織，給大家洗洗腦，組織點團隊建設活動呀？當人數再多的時候，公司的業務又發展壯大了，各種各樣的輿論危機撲面而來，要不要增設一個公關部門呢？公司其實是在解決一個一個問題的過程中變大的，並不是它變得越來越強，「強」是一個靜態看過去的視角，而不是真相和底色。

其實我們還可以把這個邏輯再往前推一步。剛才我們講的是因弱而強，強大是為了補足原來的弱點，在表面上顯得強、資源多。但強者還有一個宿命——因強而弱。

我曾在企業家學習班上遇到中國很著名的一個企業家，是誰不透露了。我說您老人家是大人物，怎麼也要來學習這種新知識啊？他說沒辦法啊，騎虎難下，我的主營業務一年已經有二百億元人民幣的營收，但是我每年還想要增長10％，那好難，在主營業務領域要增長二十億元太困難了，我只能用自己的資金實力看看能不能往新的業務方向上試一試，說白了就是多元化。

你以為多元化是企業主動追求的？它實際上是沒辦法、被業績增長的要求逼著往前走的結果。只要是你不熟悉的領域，你就是一個弱者。很多網路公司都有這樣的特點，它剛開始成功，獲取了巨大的流量，它想繼續在主營業務上保持增長就很困難了，就要開始思考能不能把一些其他領域的產品放到流量中獲得新的增長點。

我私下和很多創業者聊天，大家說選取好的創業方向有一個標準：選擇大公司嘗試的二、三線的產品。為什麼？原因是，大公司有戰略發展部門，它有很強的分析能力，它既然做這個產品一定有它的道理，我們創業者搞不清楚沒關係，可以向大公司學。但是大公司是強者，它嘗試新業務的時候往往三心二意、猶猶豫豫，不會把自己的全部身家性命押上去，我們創業者在這些方向上反而有競爭力。創業者跟大公司的二、三線產品去競爭，往往勝算非常大，這就是大公司強者因強而弱的邏輯。

我特別想給大家推薦一個人——王東嶽，這個人沒有非常正式的學術身分，但是他近些年來提出一個非常重要的哲學原理，叫「遞弱代償」。他發現不僅是人類，不僅是生物，從萬物的演化規律上看，宇宙間都有一個總趨勢，萬物變得越來越弱的同時，生存度越來越差。為解決這個生存度越來越差的問題，要產生很多代償性的功能，表面上是顯得越來越強。

打個簡單的比方。這個世界上什麼物種最為強悍呢？當然是微生物了，它的生存度極高，在火山口裡、冰層底下，你都可以發現微生物，它生存能力極強，也幾乎沒有滅種的危機。世界上看似非常強的物種，比如高級哺乳動物，尤其是那些猛獸，獅子、老虎，牠們的生存度非常差，雖然表面上非常強。這就是「遞弱代償」的原理，越來越弱，但是為了解決這個弱，表面上顯得越來越強。

分析到這兒，我們給強者潑了盆冷水，但是強者會這麼善罷甘休嗎？他當然會搞出一些花樣來維持自己強的地位，這會是什麼花樣呢？

故事思維——強者與規則

強者制定的規則一定不是顯規則，也不是潛規則，而是一種軟規則。軟規則的體現方式通常就是道德，或者是各種輿論化的評價。

上一篇我們講到所謂的強者僅是一個靜態的現象，如果從動態的演化趨勢來看，強者恰恰是弱者。《以小勝大》這本書裡描寫哥利亞和大衛的戰鬥時，提到了一個細節。對戰時哥利亞對大衛說，小孩，你過來，你走到我的近前來，我要把你身上的肉割下來餵空中的鳥、地上的走獸。這句簡單的戰場示威，其實是一句潛台詞，就是你不要離我很遠，小孩，別拿個彈弓嚇唬我，你走到我跟前，按照我重裝步兵的戰鬥規則來和我格鬥，這樣我才有勝算。

很多人都以為強者不講規則，因為他膀大腰圓，他有力量。錯，強者是最講規則的，甚至強者會主動制定規則，維護這個規則的存在，避免在動態的演化過程中淪為弱者。他只有靠力量之外疊加的一層又一層的高維規則、多維規則，才能夠保持自己立於不敗之地，歷朝歷代的強者從來都是這麼幹的。

比如在擒拿、格鬥中，如果一個瘦子遇到一個又高又大的胖子，他應該怎麼辦？當然是先跑。要是跑不掉只能打呢？一個瘦子遇到胖子能怎麼辦呀，教近身格鬥術的老師通常都會跟你講一句話，叫「好拿不如拙打」，與其搞好看的擒拿動作，讓胖子一把抱住自己掙不脫，不如胡亂地打一氣，沒準兒還有一線生機。教近身格鬥術的老師甚至會告訴你，直接掰斷對方的一根手指，傷其十指不如斷其一指，對方一疼馬上就喪失戰鬥力。

可能有人會說，這種打法好陰損，為我武者所不取。這不是一個正人君子的打法，有本事我們就光明正大地打。這句話最有可能是誰說出來的？一定是胖子說的，他力量大，而且他心知肚明自己的弱點，他一定要在打仗的一維規則「誰打贏誰厲害」之上再疊加二重規則，就是你一定要符合我制定的標準。

中國歷史上有一個著名的戰例，春秋時代的後期有一個宋襄公，他固守原來春秋甚至西周時代打仗的規則，叫「不鼓不成列」，如果對方的部隊還沒有排好戰陣我是不能敲響進攻的鼓的。當然這一仗他最後輸了。

宋襄公蠢嗎？他不蠢，因為他的祖宗，那些強者恰恰是用這一套規則去綁定了原來戰陣上的弱者。有強大的國家實力支撐的軍隊，當然希望你用這一種方式跟他打仗了，如果你不用這種方式怎麼辦呢？他的方法就是笑話你，在道德上貶低你。

強者制定的規則它一定不是顯規則，而是一種軟規則。不是潛規則，是軟規則。軟規則的體現方式通常就是道德，或者是各種輿論化的評價。

比如說貴族，貴族通常有房子、有地、有錢，但是他也知道可能會喪失這些房子、地、錢，那他怎麼維護自己的地位呢？他就搞出非常繁複的二維、三維和多維規則。比如說禮儀，貴族吃飯時，背不能沾椅子背，要穿很容易縐的襯衫，這樣你一旦沾了椅子背，大家就會笑話你。比如說吃飯的時候不管吃多麼掉渣的點心，頭是不能低的，得這麼慢慢地吃，只有喝湯例外，微微低一點頭喝湯，要不然滴到身上不好看。這些規則就是用來制約平民，你光有房、有地、有錢不行，不懂繁瑣的禮儀，你就不能加入我們貴族的行列，如果你是一個暴發戶，貴族集體還得笑話你。這種現象，我們在社會現實當中可以觀察到大量的案例。

再比如說，我曾經看到一篇批判小米公司的文章，說不要看到小米用那麼低的價格賣貨，好像是便宜了消費者，而實際上它危害甚大。危害了上游供應商，因為這麼低的價格上游供應商賺不到錢，他們賺不到錢就不創新，他們不創新整個產業鏈就要垮，從長期來看好像這是不對的。

商場上本來只有一維規則，就是哪個企業打贏了活下來了，它就是厲害，但是對不起，我要給你制定第二維的隱含一種道德評價的規則，你的競爭方式要能維護所謂的創新。

我做媒體這麼多年，近三十年來我們觀察，媒體對企業通常都有一個批評，不要搞這種爛泥戰，不要搞這種超越底線的價格戰，這對整個中國製造業的創新能力沒有任何好處。

三十年來這種聲音一直在飄蕩，中國製造業雖然一直在打爛泥戰，但創新能力一直在提高，請問怎麼解釋呢？整個市場經濟它自有平衡機制，不需要你有這種道德上的操心。

那請問是什麼人在說這種話，什麼人聽這種話聽得最入耳呢？就是那些根本不會打價格戰、不會控制成本、壓不下來產品價格的傳統企業，它就會說這種話，這就是典型的疊加二維規則。

《以小勝大》這本書裡還舉了一個很精采的例子。美國NBA聯盟當中有一支球隊叫國王隊，國王隊現在的老闆是一個叫拉納戴夫的印度人，他的身世非常傳奇，十幾歲的時候就從印度考到了美國麻省理工，又去哈佛念了碩士，上世紀八〇年代跑到華爾街賺了一筆錢，九〇年代又跑到美國西部的矽谷去創業。NBA球場上的比分系統、顯示系統，都是他的軟體公司設計出來的，公司越來越大，於是他乾脆自己收了一支球隊。

但是拉納戴夫這個人最開始跟籃球是沒有緣分的，他是怎麼結的緣呢？是因為他閨女。

他閨女叫阿佳麗・拉納戴夫，她是美國NBA球場上的大明星——啦啦隊隊長，身材非常之火辣，長得也非常好看。她在十二、三歲的時候參加過美國青少年籃球聯賽，女隊叫紅山隊。

這個隊好可憐。為什麼？只有阿佳麗和自己的一幫同學，她同學的父母其實跟拉納戴夫一樣都是軟體工程師，說白了家庭裡面就沒有運動細胞，可這個阿佳麗非常好強，說我一定得贏，要當冠軍。最後拉納戴夫也不管公司的事了，找了一個體育專家，其實也就是他公司的一個員工，一起來訓練他女兒所在的紅山隊。

這幫女孩兒身材也不是很高，體能也不是很好，投籃技術就更不用說了，她還想要贏，還想要當冠軍，這怎麼可能呢？拉納戴夫這個時候注意到籃球比賽的兩條規則，一個叫五秒違例，一個叫十秒違例。五秒違例是說在對方投完球己方得到球之後，從底線開始發球，五秒之內你必須發出去，如果不發算犯規，要把球交給對方。十秒違例是從底線發球，不管你怎麼傳球，十秒之內你必須穿過中線回到自己的前場，如果沒過也算犯規，球要交給對方。

籃球比賽為什麼要定這兩條規則呢？就是為加快比賽的節奏，讓比賽更精采，二〇〇〇年之後ＮＢＡ還作了一個新的規定，十秒違例變成了八秒違例，節奏還要快。

拉納戴夫一想，既然有這個規則，那現在的籃球的打法就顯得有點蠢，為什麼投完球在對方發球的過程中，要退回自己的半場，等著防守，等著對方來打？如果不退回來，就留在你的半場，專門盯人，每一個人都擾亂對方的一個隊員，讓你五秒違例，或者十秒違例，不就贏了？

拉納戴夫這個想法一點都不天真，甚至根本就不是他的原創。在籃球比賽場上就有這種打法，而且有一個專有名詞叫「全場緊迫」，很多著名的球隊打到最後幾分鐘的時候，往往就要用這種戰術。但是你會覺得奇怪，為什麼這種戰術在籃球場上沒有普遍運用？因為它有一些限制性的條件。

它有這麼二個缺陷：第一，如果你打全場緊迫的話，對己方隊員的體能要求非常高，你一直是跟對方在硬幹，人盯人地拚命；第二，這種比賽沒法看，節奏全完了。你現在看籃球比賽，一方投球迅速撤回，對方緊接著攻過來，一頓攻防之後唰的一聲全都再湧過去，像海浪拍著海岸一樣，非常好看，又有節奏。可是一旦打全場緊迫，場上就會不斷地犯規，不斷地吹哨，這個比賽過程就非常無聊，甚至一場籃球比賽打四小時都沒有結果。

要知道籃球比賽作為一個遊戲，它的很多收入其實是來自觀眾，不僅包括現場的觀眾，還有電視機前的，如果籃球比賽變得非常難看，收入就會大減，強隊之間就會達成一個默契，不到萬不得已，不採取全場緊迫的策略。最後一點，人都是有三分土性的，如果有球隊採取全場的緊逼策略，大家就會產生情緒上的激動，球員之間、教練之間、球員裁判之間，經常會發生對抗衝突。

拉納戴夫哪管這一套，為了贏下比賽，就來全場緊迫。他在訓練這支球隊的時候，採用的方法就不一樣，完全放棄練習遠距離投籃的準投，只訓練兩樣：第一是體能，你要能跑，能夠盯死對方，這個小女孩訓練一陣，體能就很容易上來。第二就是籃下投籃、直接上籃的技術，這對投籃的要求就變高了。紅山隊就是這麼一個打法，投完籃等對方準備要發球時，人盯人不撤回來，大聲地在球場上尖叫嚇唬對方。

美國的那些女孩子，十二、三歲的青少年聯賽，誰見過這個打法，場上對手就被這種打法給嚇傻了，經常會出現0比幾這樣的比分，紅山隊用這樣的戰術一路打到了全國青少年聯賽的冠軍，阿佳麗的願望真的就實現了。

一般獲得冠軍有鮮花、有掌聲。紅山隊沒有，這次獲得冠軍之後，在美國的籃球圈中引發了軒然大波，還有大量輿論上的指責。比如對方球隊的很多總教練說，拉納戴夫你要幹什麼呀？你這不是在禍害孩子嗎？孩子打籃球，比賽第二，友誼第一，讓孩子在籃球比賽中得到教育才是最重要的，得訓練出孩子對於籃球的理解，得有美感，你現在採取這一套打法，讓高傲的體育精神蕩然無存。拉納戴夫說我又不要打籃球，我的女兒又不是專業籃球運動員，她們將來是要當軟體工程師，是要在矽谷創業的，「贏」這個教育對她們更重要，你說你的打法有教育意義，我也認為我的打法有教育意義。這下把對方氣得要死，甚至有人在比賽結束之後，跑到停車場要去揍拉納戴夫。

他們當然也去跟裁判抱怨，裁判也沒有辦法，籃球比賽規則就只有寫在紙上的這些，不能因為她們採用全場緊迫的策略我就判她們輸，頂多在裁判的過程當中對她們稍微嚴一點，但這也沒有用。

這個故事說明什麼？如果你真的是草根，你是一個匹夫，你要想逆襲大佬，該怎麼辦？你唯一下手的辦法就是利用大佬制定的規則。但是說到這兒，可能你心中會陡然生出一朵疑雲：那道德該怎麼辦呢？

故事思維——擺脫故事思維

人的一生永遠是多向的，他既有成功、有贏，也有道德。在這個多維的人生中怎麼選擇你的道德觀？

上一篇我們已經把話題引向了道德，難道弱者為了逆襲強者，就可以不講道德嗎？可以不講社會規則嗎？可以任意地打破底線嗎？你看這是人類社會最難回答的一個問題。人類歷史永遠會存在一個總規律，就是強者憑藉自己的地位不斷制定各種各樣的規矩，弱者只有打破這些規矩才能夠逆襲成強者。如果所有的山大王都講究忠君愛國那一套，那農民起義怎麼可能成功呢？

強者一旦制定了規矩，他就要把這個規矩打扮成道德或者是高雅，所以弱者在逆襲這個規矩的時候，總會顯得有那麼一點不道德和粗野。

在這兩邊我們真的是很難作一個客觀的評判，到底誰對誰錯。作為一個個體，我們在試圖完成弱者逆襲的過程當中，怎麼把握這個道德界限，確實是一個天大的難題。

在這兒我們先給大家講一個故事。一九六三年，在美國當時有一個大名鼎鼎的人叫馬丁．路德．金恩，他是美國黑人民權運動的領導人。這個人其實在私德上一直被人批判，比如有人說，就在發表著名演講之前，他剛去嫖過娼，當然也有人說這是誣陷，說這是美國中央情報局給他栽的贓。

馬丁．路德．金恩在領導美國黑人民權運動的過程當中，確實有些手法我們今天看起來是要琢磨一番的，要在道德上拿尺子去衡量他一下。

給大家舉一個例子。一九六三年的時候，美國的黑人民權運動達到了一個低谷，尤其在美國的南方。比如說，在伯明翰，這個地方真的是保守得不得了，白人在當地完全占有強勢地位。黑人因為要生活，只能給白人老闆打工，所以他們也不搞什麼街頭抗議。當地的保守主義者，就是美國共和黨那幫人，對社會秩序又極其講究。

所謂共和黨的價值觀就是一種父親式的價值觀，不許亂說亂動，自己要過好日子，自己出去掙。所以伯明翰這個城市的警方對於黑人的所有街頭抗議運動都是非常強硬的。

馬丁．路德．金恩就想，我既然要煽動這個民權運動，煽動黑人上街頭搞抗議，我就要找這塊最難啃的骨頭把它啃下來，於是他帶著幾個助手來到了伯明翰。

這個城市的黑人真的動員不起來，他的一位助手忙活好多天，最後才組織了二十多個人上街。這個遊行搞得稀稀拉拉，他們是下午二點半上的街，死活就沒多少人，左等也不來右等也不來，突然到了下午五點鐘發現來人了，居然來了一千多人，而且都是黑人，馬上遊行隊伍的聲勢就壯大起來了。新聞記者趕緊拍照說伯明翰因為馬丁．路德．金恩的到來，開展起了本地的黑人民權運動。

其實是怎麼回事呢？先琢磨一下時間點，下午五點正巧是黑人工人們下班，他們從工廠門口走出來，就顯得是在遊行。新聞記者一張照片拍出來在報紙上一登，馬上就造就了這個氣勢，馬丁．路德．金恩看到後發現這招兒高啊，以後就都這麼來，所有遊行不要安排在上午九點、下午二點，就安排在下午五點，找黑人多的工廠門口開始組織遊行，管你參不參加遊行，只要鏡頭拍下來，就表示是在遊行。

這不是撒謊嗎？馬丁．路德．金恩說這不叫撒謊，叫烏龜和鹿賽跑。我們很熟悉龜兔賽跑，但烏龜和鹿賽跑沒聽說過。這烏龜是知道自己賽不過鹿的，牠找來自己的一位親戚，一隻一模一樣的烏龜，這一隻烏龜在起跑線上跟鹿同時開始賽跑，另外一隻烏龜就在終點線上等著，等鹿快跑到跟前的時候，臨近終點的那隻烏龜衝線成功就贏了。鹿的智力比較差，牠搞不清楚是怎麼回事。就得用這種方法。

馬丁．路德．金恩對於撒謊這件事情沒覺得有什麼，管它什麼政治倫理，我反正做的事情是正義的，就不在乎這種細節。這就叫「大德不踰閑，小德出入可也」，中國古人也有這樣的說法，只要在大節方面站得住腳，小的地方我搞點這種歪門邪道，這是可以被理解的。

比如說中國古代很多忠臣彈劾奸臣，奏摺裡頭寫的內容往往都是謊話、捕風捉影的閒話，這些人不覺得這有道德問題。

我們再看馬丁．路德．金恩幹的第二件事情。同樣是在伯明翰這個城市，他後來覺得這裡聲勢還是不夠大，我應該去鼓動黑人的孩子上街頭。黑人孩子哪裡懂什麼政治，那怎麼辦呢？他就買通了當地一位著名的電台ＤＪ，這個人也是一個黑人，讓他在廣播裡告訴公眾今天晚上在城市的中心公園有一場大秀，有一個大的演出，邀請孩子都來這裡。這個廣播結束之後，市政府，包括警察局，全都知道馬丁．路德．金恩要幹什麼，不就是想煽動黑人孩子去搞政治運動嘛，包括《紐約時報》都發表了評論，說他這樣做是不道德的，孩子沒有政治立場，你不要把孩子給綁架到這種事情裡來。

馬丁．路德．金恩哪裡管這個，他要的就是孩子出來，要的就是你們阻止，要的甚至是孩子跟你們產生衝突。果然孩子一聚集之後，當地警察馬上說你們擾亂秩序，你們不按我們的規定參加遊行，當場就逮捕了六百多個人，這是孩子、是學生，家長就不幹了，找他哭訴，馬丁．路德．金恩說，不要擔心，孩子讀書耽誤幾天不要緊，我給你講這還有三大好處：第一，孩子暫時到監獄新環境裡住一住，擺脫黑人髒窮亂的社區，沒準是好事；第二，他又想讀書，監獄裡是可以讀書的；第三，你看我，我多次進監獄，我就是在監獄裡讀的書。

隔了這麼多年，我們一聽就知道馬丁．路德．金恩在胡扯，監獄怎麼可能是孩子生長的好環境呢？但是他為了安撫家長，這種話他就說得出來。

果然到了第二天，又來了一千多個學生，學生是曠課來參加遊行的，對學生來講，尤其是孩子，他沒有政治主張，只要不讓他上課、不讓他坐在課堂上，你讓他幹什麼他可能都愛去，更何況是這麼熱鬧的事呢。

這場聚集了一千五百人的遊行現場就發生了事故，因為警察準備了大量的高壓水槍，還帶來了警犬試圖阻止這些孩子。馬丁．路德．金恩一看機會來了，說警察既然用水槍，那就組織孩子進攻，向警察的警戒線衝，試圖引發雙方的衝突。旁邊新聞記者的鏡頭都在等著拍，孩子就衝上去了，正好這個時候有一頭警犬，狗不通人性，就向一個孩子撲了過去。

這個孩子其實還不是參加遊行的人，他只是下了課來看熱鬧，正好站在警犬的面前，旁邊記者哢嚓一下就把這個鏡頭捕捉到了。這張照片記錄下了讓所有的旁觀者覺得義憤填膺的場景，你看警犬是那樣兇惡，警察是那樣冷酷，還戴著墨鏡，而黑人的孩子完全面無表情。

這幅新聞照片刊登在了全國報刊的頭條上，引發的民眾同情心和政治上的軒然大波可想而知。但是沒有人計較背後的細節，背後有什麼細節呢？警察雖然戴著墨鏡，顯得很冷酷，但是狗為什麼沒有撲上去咬孩子？警察瞪著呢，牠撲不上去。第二，當時參加遊行的隊伍中，包括這張照片裡面都可以看得到，其他黑人以圍觀的居多，他們的表情是很平靜的，他們並不像這張照片主體的構圖裡面顯得那麼劍拔弩張，絕大多數人是圍觀的。但是這些細節沒有人計較，馬丁・路德・金恩贏了，就在第二年一九六四年，詹森總統簽署了《民權法案》。

馬丁・路德・金恩現在是作為一個徹底的正面形象載入了史冊，我先說說我自己的評價。

第一件事情還可以，撒謊這件事情你不要覺得有多邪惡，在現在這個資訊發達的時代，一個人要想撒謊，就去撒，因為社會迅捷的資訊傳導自然會識破、糾正一些謊言，所以你覺得撒謊對於你的事業有幫助你可以撒，只要你願意承擔它的後果和責任，那我覺得在道德上也沒有什麼可評判的。但是第二件事情，恕我直言，馬丁・路德・金恩取得再高的成就，也要低看他一眼。為什麼？因為你在強制一幫沒有行為能力的孩子做事。

其實我講這個故事就是想亮明我自己的道德觀，道德這個東西不是爺爺奶奶說了、祖宗老師說了它就是我應該遵守的道德，我個人遵守的道德邊界非常清晰，如果強制他人就是不道德，如果我沒有強制他人，我在我的自由意願下進行選擇，比如說我愛抽菸，只要我沒有逼著我的同事去抽二手菸，我覺得這就是道德的。這是我個人作為一個自由主義者，我的價值觀導致的分野，當然這件事情沒有固定的標準。

好在這一篇我們講的核心議題只有一個，就是我們每一個人看每一件事情，看每一個強者和弱者，我們都應該擺脫故事思維，說白了就是單向思維。人的一生永遠是多向的，他既有成功、有贏，也有道德。在這個多維的人生中你的道德觀，只能自己選。

可靠就是凡事有交代、
件件有著落、事事有回音。

你不必追求名利、升職加薪，
隨著你的能力逐步上台階，
名、利、權這些東西，是自然而來的。

第3章

實戰

提升個體戰鬥力

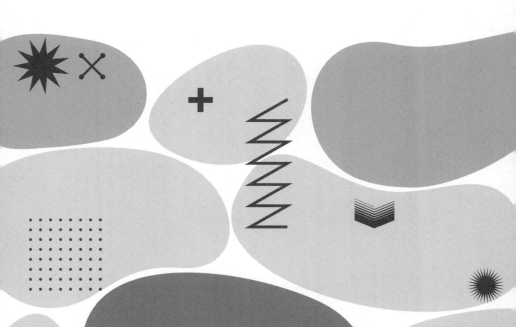

什麼是會工作？

借用「軍工六性」的概念，一個人的工作能力分成了六個台階。

很多大學生，往往一畢業就遇到一個問題：進入單位之後，發現自己居然不會工作。好像從學校到職場，中間有一道巨大的溝，很多人就是跨不過去。有的人即使工作了很多年，也還是跨不過去。那這道溝是什麼呢？是協作。

在學校，學生的主要任務是學習，學習是一個把知識裝進自己腦袋的過程，主要得靠自己，協作沒有那麼重要。

但是到了工作環境中，就不只是應用腦袋裡的知識那麼簡單了。事實上，在社會上幹成任何一件事，都牽涉到廣泛的協作。就算你是一個純粹的手藝人，比如你就是一個設計師，那也存在一個怎麼把自己的手藝賣好、怎麼提高自己業界地位的問題，這都要靠協作。

但是怎麼協作呢？有一個詞「軍工六性」，它也許可以從另一個側面讓大家看到怎麼逐步提高自己的協作能力。

一個軍工產品，應該具備哪六方面的性能呢？我覺得值得從「會工作」這個層面展開來講一講。

軍工產品，有什麼特殊性？它是在生死攸關的戰場上使用的，它是在人類最複雜的互動場景中使用的。一把槍、一門炮、一顆導彈、一件儀器，它自己的質量和性能當然重要，但是更重要的是，還必須把它放在複雜的協作網路中看，它必須跟軍隊組織和戰場環境充分協同，才能發揮出它的性能。

這個要求就和一個大學畢業生參加工作之後的情況有點像。你自己有本事，但是要怎麼和周邊的因素協作？這一篇，我們就拿「軍工六性」的要求，來看看一個人是怎麼培養自己在工作中的協作能力的。

先說一遍這「六性」，分別是穩定性、適應性、安全性、保障性、維修性和測試性。下面我們一個個地對照著說。

所謂「穩定性」，這個好理解，一把槍，總得能穩定地發揮自己的性能。對照到工作場景中，體現為你要可靠。

可靠就是凡事有交代、件件有著落、事事有回音。

不需要你有多大的能力，但是你得能讓你的協作夥伴知道你的能力邊界和行動進度，就叫可靠。這是最簡單的社會化要求。做到了這一點，你就是一個合格的職場人了。請注意，能達到這個要求的人，其實剛開始並不多。

「軍工六性」的第二條，叫「適應性」。一把槍，一門炮，要在各種極端情況下，比如極寒、極熱、高山、沼澤中都能使用，這就叫適應性。那對應到工作中，就出現了一個新的變量，那就是環境。

工作中的協作對象，不僅是同事，還有供應商、資源方、用戶、技術、媒體、政府，等等，這些因素和一個組織裡的同事不同，它具有很大的不確定性。

這些因素一旦發生巨大的意外變動，你能不能適應呢？比如，技術突然崩潰，憤怒的客戶投訴，供應商突然毀約，鋪天蓋地的負面新聞，這些事如果你再能從容應對，你的工作能力就上了一個台階。對照「軍工六性」，就可以說你具備了適應性。這個能力台階叫職業化。就是你能把自己的職業角色和個人角色區別開來。

比如你是一個客服，用戶打電話暴怒地罵你，你得知道，這不是罵你的個人角色，而是在指責你公司的服務或者是產品。你就用你的職業角色平和應對，而不是用個人角色評判對方素質差，或乾脆跟他對罵。做到職業化，實際上，你就把自己的「價值輸出」穩定下來，能夠以不變應萬變，盡人事，聽天命。

再回到「軍工六性」。第三個是「安全性」。協作要素進一步增多，你不僅是適應環境，還要適應環境中的人，有人的地方，安全問題才突出。軍火不能傷到自己人，要讓人放心。

那對應到工作中，就是讓周邊的人放心。請注意，這條要求比我們之前講的可靠，要更進一步。不僅能穩定交付性能，更要使周邊的協作網路敢於把一攤子事交給你，這是他們要求的安全性。

我們經常會在工作中表揚一個人，說事情交到他手裡落不到地上。什麼意思？不是說他幹什麼什麼都能成，那是神仙。而是說，他即使沒有把事幹成，大家也相信他盡了自己最大的努力，已經把所有可以嘗試的方法窮盡了一遍。

請注意，你一旦踏上這一級台階，就是工作能力的巨大升級，這一級會甩掉很多人。因為踏上這一級，你就可以當團隊中的主管了。

很多人都以為當主管、升職是對一個人工作表現的肯定，就像我們在小學當班長那樣，是對好孩子的獎勵。其實不然。

站在工作單位上級的角度看，只會給一種人升職，就是他可以讓周圍的協作者放心，不見得他自己的工作能力有多強，但是他已經有能力把一個複雜系統，包括各種不確定性，封裝成一個簡單的工作界面了。

這和個體的技能，不完全是一回事。這就是「軍工六性」的第三點，「安全性」。

再來看「軍工六性」的第四條「保障性」，這就是能力的再升級。軍工產品平時不需要那麼多，一旦打仗，情況會非常緊急，需求會突然放量。一個產品設計出來，它的成本夠不夠低？原料好不好找？一旦打仗，是不是很多工廠都能在短時間內加入生產？生產出來好不好保管，好不好運輸？能否以最高的效率投放到戰場上去？這就是保障性。

而對應到工作中，所謂的保障性，就是你有沒有能力協同資源，打一場戰役。打一場戰役和一般的工作不同，出現了時間這個維度，出現了節奏上的要求。

哪個地方是關鍵控制點？什麼時候我要投入最密集的資源？哪個體驗絕對不能放過？有這個判斷才有節奏感。踏上了這一級能力台階的人，通常都有希望升到大公司的VP、副總這個級別，因為他可以獨立負責一個業務線了。

「軍工六性」的第五條，是「維修性」。在戰場上，這個產品用著用著，突然壞了，它好不好修？能不能以最簡單的動作去修？這是一個更加複雜的變量。比如槍，手槍是不會有一個螺絲釘的，都可以徒手拆卸，這個就是為了好修。合格軍人的一個基本技能，就是能蒙著眼睛，徒手拆裝一把槍。

那對應到職場上的維修性，就是你能夠跨越時間空間、跨越組織的邊界，對各種趨勢進行預料，並作出預案。重要的已經不是當下的任務能不能達成，而是你現在做的事，能不能在各個維度上，應對和利用未來的重大變量。踏上這個能力台階的人，已經具備當一家公司CEO的水平了。

「軍工六性」的第六條，叫「測試性」。這是對維修性的一個升級要求。不用等到我去修它，這個產品我拿起來一看，馬上就知道，它是性能完備，還是性能已經降低，一眼可知產品是好是壞。相當於手機時時刻刻告訴我們電量還剩百分之多少，這是測試性。

對應到工作中，這個能力就體現在，你不僅能做事、把事做成，還能讓社會上所有的人能看見、能評估你做的事。你不僅能主動組織協作，還能讓不在你視線裡的資源主動找上門來跟你合作。

你可以把這個境界理解為「個人品牌」，個人工作能力的品牌。一旦踏上了這個台階，以你的工作能力，不去創業，那就可惜了。

總結一下，「會工作」就是讓自己的能力，逐步適應不同的協作複雜度。我們借用「軍工六性」的概念，把一個人的工作能力分成了六個台階，分別是可靠的能力、職業化的能力、讓合作者放心的能力、組織戰役的能力、著眼未來協同資源的能力和吸引合作的能力。

在這個過程中，你不必追求名利、升職加薪，隨著你的能力逐步上台階，名、利、權這些東西，是自然而來的。

學會入夥式求職

你有沒有設定問題、想方設法、協同他人解決它的行動習慣和思維習慣？

這一篇我們就來聊聊，怎麼才能找到一個讓你滿意的工作。面對這個課題，大多數人第一個想到的概念是競爭。人生處處都是競爭，這個沒什麼大不了的。既然你是大學生，你就是一路競爭上來的。問題是，找工作的競爭和我們通常認為的競爭是一種嗎？大學生熟悉的競爭只有一種，在名額既定、資源有限的情況下，大家各憑本事公平地競爭，說白了就是考試。

但是我必須說，找工作是人生中第一次遇到不熟悉的競爭模式。我先來告訴你三個事實。第一個事實：這個競爭沒有固定名額，不存在資源有限的問題。甚至可以說，工作市場對大學生這個級別的人才是無限敞開的。

站在雇主方面想一想就明白了。任何雇主都感覺很難招到合適的員工。就拿我們這家小小的創業公司來說，為了招人，那真是想盡辦法。進入十月，我們幾個創始人都要花大精力去高校做校園招聘。花再多精力，哪怕一次只招到一個人都是划算的。這個時代用對一個人才，就可能打開一片新天地。

我們再來說第二個事實：這場競爭沒有公平可言。

這也和你熟悉的考試模型不一樣。我說的這個沒有公平，不是指社會黑暗，而是說站在雇主的立場來看，他們關心的是招人的效率，而不是對你公平不公平。美國勞工部做了一份針對雇主的統計，HR平均看一份簡歷的時間是多少呢？十五秒。在這樣的效率下，想公平都難。

有80%的優質工作崗位並不會在招聘網站上發布。這些工作機會都是怎麼招人的呢？第一步，肯定是先看看內部有沒有合適的人。如果沒有，那才啟動第二步，讓同事推薦他的熟人、知根知底的人，當然用起來更放心。現在很多公司都有這樣的機制，老同事推薦新同事，如果成功入職，對推薦人會有重獎。如果再找不到怎麼辦呢？這才會去招聘網站上看簡歷。

你會說我沒辦法，我就是個大學生，既沒有工作經驗，也沒有老同事可以推薦我，我只能投簡歷。

可是我要告訴你第三個事實了：雇主其實並不知道自己要什麼樣的人。雖然他們招人的時候，上面都寫得清清楚楚，崗位、要求、要招聘的數量。但是本質上，他們還是不知道能讓自己滿意的人究竟什麼樣。

不是有一個對聯嘲笑甲方嗎？甲方對乙方提要求，上聯永遠是「高端大氣國際化」，下聯就是「時尚抓人有個性」，橫批「眼前一亮」。提這樣的要求，本質上說明甲方實際上就是不知道自己到底要什麼。現在招人也一樣，有點像談戀愛，事先提多少條件都沒用。這個具體的人出現在面前後，他才知道合適不合適。

說以上三個事實，不是危言聳聽，而是想說，這個時代的好企業和員工的關係正在發生一次重大的轉型。

在工業時代，企業對新員工的要求，就像軍隊招人，身高、視力、體力、智力，這些都要求明確。現在也有部分公司、部分職位是這樣的，看看公司內部現有的架構還缺什麼樣的人，哪裡沒有就補哪裡。這種關係的本質是做現有結構的填補，應對的是「非創新」的需求。你要是到這種公司求職，我們稱為「入伍式求職」。

但是現在很多創新型企業的處境，有點像水泊梁山招納好漢。你要是想上山，坐一把交椅，你不僅得有能力，而且這種能力得是山上的好漢沒有的能力。這種招聘方式，其實更像是在招募合夥人。它的本質是在向外做能力拼圖，現在有六分之一的崗位，不是在招聘之前規劃出來的，而是公司遇到了合適的人，臨時為他創造出來的。到這種公司求職，我們稱為「入夥式求職」。

「入伍式求職」，很簡單，你條件夠就好；「入夥式求職」，就麻煩了，你的條件夠不夠，沒有明確的標準，《水滸傳》裡的好漢要上山，要嘛有人介紹，要嘛就得有投名狀。什麼是投名狀？就是你有責任先創造性地證明你的行動能力是山上需要的。可能有人會說，我一個應屆大學畢業生，我怎麼證明自己的行動能力呢？

和大家分享一個美國姑娘找工作的故事。這個姑娘的大學專業有點冷門兒，學的是國際關係。想靠這個專業在公司裡找工作，怕是不太可能了，那怎麼辦呢？

她去印尼度假的時候就學了一句當地話，「請你給我講講珊瑚礁的情況」，遇人就問這句，再把所有人的回答用攝像機拍下來，回國後剪成了一部紀錄片。她就拿這部片子去求職，結果一家著名的網路公司一看，這是個人才啊，而且是個會用語言槓桿做成事的人才啊。於是為她創造了一個之前沒有的崗位，讓她負責多國語言翻譯項目。

想想今天的創新型公司，他們在招聘大學生的時候，其實並不指望你掌握多少能夠馬上就用的技能。他們考核的只有一點，就是你有沒有設定問題、想方設法、協同他人解決它的行動習慣和思維習慣。

我們應該向剛才那個故事裡的姑娘學習：第一，給自己設定一個目標。哪怕是開一個淘寶店，組織一項社會活動，參加一次比賽。

第二，重點來了，不是要賣出去多少貨，活動有多成功，比賽得了什麼名次，而是你得搞清楚，你面對的真正難題是什麼。這個難題和你要求職的崗位可以沒有任何關係，世界上的難題各種各樣，但是解決難題的思路和對一個人素質的要求是類似的。

第三，想方設法、借助外力，解決掉這個難題，再把這個過程記錄下來。無論是寫在簡歷裡，還是變成一個精練的、可以用口語表達的故事。有了這個東西，你就有了僅靠簡歷求職的人沒有的獨門武器。在一個劇烈變動、普遍創新的時代，你一開始就要訂立目標，不是成為哪個機器上的零件，而是要成為一個公司的合夥人，換句話說，就是成為它現有能力的補充者，只要你成為這個補充者，你遲早會成為它的合夥人。

帕華洛帝與多明哥的終身職業規劃

在作職業規劃的時候，要考慮得更加長遠。可以像帕華洛帝一樣，在一個行業裡爭做頭部，並且好好保護自己的本錢，維持優勢；也可以像多明哥那樣，提早謀劃下一段職業。

這一篇和大家聊聊兩個歌唱家的職業規劃。

這兩個歌唱家，就是最著名的男高音，帕華洛帝和多明哥。先說中國觀眾最熟悉的一位，帕華洛帝。

帕華洛帝是自從踏進男高音這扇門的那一刻，就沒打算出去。而且他從初出茅廬到走上神壇，一直在唱，直到去世的前一年，還在堅持演出。

說到這兒，也許很多人腦子裡都會浮現這麼一個畫面：年邁的帕華洛帝，出於對音樂和舞台的熱愛，頑強克服了身體的虛弱，為大家帶來一場又一場精采的表演。儼然是一副兢兢業業、老藝術家的形象。

但事實還真不是這樣，帕華洛帝在晚年非常懂得量力而行。首先，他從不會過量演出，每個月只演四～五場，演出地點就固定在紐約的大都會歌劇院。他對劇目的選擇也比較謹慎，基本就是《托斯卡》、《杜蘭朵》、《假面舞會》這些比較熟、幾乎不可能發生失誤的劇目。其中帕華洛帝演得最多的就是《托斯卡》，從二〇〇四年開始到二〇〇七年去世之前，一共演了六十多次。

而且，他從來不扮演對嗓音消耗大、費嗓子的角色，一旦有個感冒發燒、身體不適，不管你的票是不是已經賣出去了，他直接取消演出，弄得歌劇院經理非常鬱悶，但是又沒辦法，因為帕華洛帝的人氣實在是太高了。

到晚年，他老人家也實在是太胖了，連演出過程中的動作也是能省則省。比如，《杜蘭朵》當中有一個情節，男主角應該先敲一下鼓，再接著唱。但是帕華洛帝就自己改了，等要敲鼓的時候，隨便比劃一下或找個人替他鼓敲。

帕華洛帝這麼偷懶，觀眾也不是很介意，畢竟我們是衝著你的嗓子來的，只要唱得好，別的都無所謂。

這是不是有點耍大牌的嫌疑？

答案當然是沒有。事實上，帕華洛帝非常在意觀眾，用他自己的話說，我就是觀眾的僕人，給他們唱歌，對我來說就像是氧氣一樣。

他之所以這麼愛惜自己的嗓子，無非是要確保他能夠一直保持完美的嗓音，直到生命的最後一刻。

要知道，男高音其實是一個對生理硬件高度依賴的職業。這就導致一旦年邁、聲線老化就唱不動。

要想唱得久遠，必須在年輕的時候就保護好自己的本錢，杜絕一切不必要的損耗。帕華洛帝在這點上，做得就非常好。

比如一九九五年，帕華洛帝和父親去威爾斯參加蘭戈倫藝術節。要知道，這裡可是帕華洛帝起飛的地方。早在一九五五年，二十歲的帕華洛帝就跟隨父親的合唱團，在這裡得到了人生中的第一個冠軍。

四十年之後，帕華洛帝功成名就和父親一起衣錦還鄉，這在當地可是件大事，人們提前三個小時就在場館外面等候。按說應該有一番熱烈的重逢，但是，帕華洛帝抵達時幾乎一句話都沒說，直接快步走進場館。

關於這件事，當時的媒體報導說，帕華洛帝是因為害怕場館周遭的塵土會傷害到喉嚨才這麼做。

當然，類似的例子還有很多，就不再一一列舉了。總之，帕華洛帝從年輕時開始，就已經有了唱完這一生的打算，為此，他分外珍惜自己的嗓子。

這就是帕華洛帝管理職業生涯的思路——我只做一件事，而且要做到最好，只做頭部，不做二、三名，不做長尾。同時，我還很謹慎地使用自己的本錢，小心翼翼地呵護，這就確保我直到最後一刻依然是最好的。

但是另一位大師，多明哥就不一樣了。

首先，他的稱號是「歌劇之王」。要知道，很多男高音在上了年紀之後，都把事業重心放在了演唱會上，純粹的唱歌肯定要比歌劇那樣又演又唱要省勁兒。但是多明哥卻一直堅持演歌劇，在舞台上毫不保留地揮灑激情。

比如演《馬克白》最後那一幕被刺死的戲時，經常是因為觀眾鼓掌的時間太長，導致他得在台上躺著「死」好幾分鐘才能被抬下去，直到六十多歲也依然如此。

多明哥難道就不怕透支，老了以後唱不動？

不是不怕，而是因為早有準備，多明哥早早就為自己規劃好了下一段職業生涯。

第一個舉措，是回歸男中音。在二〇〇九年，已經唱了五十年高音的他居然宣布轉型，回歸男中音。之所以說回歸，是因為多明哥在唱高音之前，學的就是中音。按照當時評論員的分析，多明哥轉型的原因之一，是為了延長自己的職業生涯，畢竟隨著年齡增長，中音比高音更好駕馭。第二個舉措，是著手轉型做指揮。從四十多歲的時候，多明哥就經常用自己的知名度和一些二線的歌劇院做交易，你想請我唱，可以，但是得有一些曲目讓我來指揮。

這其實就是在逐步磨練技藝，樹立品牌，萬一哪天唱不動了，可以隨時拿起指揮棒，開始第二次職業生涯。

要知道，指揮可以一直幹到老。多明哥的選擇，對一個歌唱家來說，可以說再合適不過了。

這是多明哥的職業生涯管理，他和帕華洛帝的從一而終的選擇不一樣，他是多段式規劃。他雖然在男高音這個領域已經取得非常高的成就，但他不留戀過去，能夠放下存量的榮譽，並且在周邊的資源中發現新的增量，找到新的方向轉行。這就確保他在每個年齡段，都能找到一個最適合自己的職業。

其實，不管是帕華洛帝還是多明哥，他們的職業規劃都有一個共同點，他們都把職業生涯的終點，設置在了生命的最後一刻，活到老，幹到老。

但是現在的大多數人，都把退休當成了職業生涯的終點。也就是六十多歲退休之後，我就不用工作了，每天拿著退休金，養花種草、環遊世界。

但遺憾的是，這樣的職業規劃，有可能已經不適用了。

我多次推薦過一本書，叫《長壽新人生》。這本書就說我們這代人，有很大概率活到一百歲。這就意味著，假如六十歲退休，還有四十年的時間在等著你。假如你的職業生涯就此止步，問題就會出現，比如錢夠花嗎？生活失去目標、失去意義怎麼辦？

這就需要我們在作職業規劃的時候，考慮得更加長遠。在策略方面，你可以像帕華洛帝一樣，在一個行業裡爭做頭部，並且好好保護自己的本錢，維持優勢。也可以像多明哥那樣，提早謀劃下一段職業。

但是，無論哪一種策略，歸根結柢，都需要我們先建立一種新的觀念——終身職業觀。這才是兩位大師的經歷給我們這代人的真正啟發。

一個會搞關係的人，
其實需要的不是所謂的高情商，
也不是討好別人，
而是有讓別人覺得舒服的能力，
更重要的是你的好奇心和跨界學習能力。

你會搞關係嗎？

如何做到不需要討好誰，你也能在一個複雜的關係世界中獲得自由？

這個世界充滿不確定性，不要總是聽別人說，其實在表面的不確定性下隱藏著確定性。關鍵是你得有結構化的思考方式。

比如說，怎麼搞關係？

提到「關係」這個詞，中國人往往都能會心一笑。這玩意兒太玄妙了，它得有超級的情商、超級的敏感和超級的技巧才能搞得定。這是一件不確定性很大的事，我們這一篇就用確定性的思維來搞定關係這件事。

搭關係網，千萬別從大人物搭起。這有點反常識，討好大人物，往往是有關係網的標準。為什麼別從大人物搭起？

首先，這很難。因為人們都想和大人物搭上關係。討好大人物的人，我們身邊總會有幾個。你觀察一下他們，他們真的是關係高手嗎？不一定吧，往往是大家都看不起的馬屁精。討好大人物，在源頭上風險就很大，這是一個原因。

此外，就算你搭上了大人物的關係，如果你沒有本事駕馭，這反而可能成為你的負資產。因為你很容易成為大人物的一顆棋子、一桿槍或一副白手套，說白了，你有關係卻喪失了自由。這樣的例子很多。一家企業裡，老闆最寵愛的人，往往也是離了這個企業，去哪也沒用的人，他們的全部價值都被鎖死在這個特定的關係網裡。他沒了自由，老闆萬一倒台，他也跟著完蛋。

先交代這個是因為搭關係的實質，不是找對你有用的關係，而是把自己放在關係網中對你最有利的位置上。關係網當中，什麼位置最有利？

我們來想想，皇帝是怎麼搭建他的關係網的。

皇帝最忌諱的是什麼？是大臣有私交，不僅太監和文臣不能有私交，文臣和武將也不能有私交，皇室宗親和文臣更不能有私交，文臣之間最好也別私交。如果有了，這在中國古代政治中，叫「結黨」，這是很大的罪名。你可能會說，文臣在官僚系統中共事很難避免私交。對，很多有作為的君主大部分精力就是放在了怎麼隔絕大臣的私交上，這也就是所謂的「帝王心術」。

如果所有的大臣都沒有私交，那皇帝構建的這個關係網是什麼樣？理想狀態是皇帝是一個孤零零的中間節點，剩下所有的節點，都通向他，只和他連接，其他節點彼此之間都沒有聯繫。這對帝王來說就是最理想的一張關係網。

這時候，有兩個名詞就來了，一個叫「凝聚力」，一個叫「同構性」。凝聚力，是指這個關係網路是不是聯繫緊密。你可能會覺得，當然凝聚力高是好事，誰不想自己的關係都是鐵關係？

但是，如果鐵到一定程度，這個網路中所有人都彼此認識，那麼這個網路的同構性也就高了。什麼意思？你認識的人別人也認識，你能提供的資源別人也能提供，那你可能就遇到麻煩了。你不妨反思一下自己的關係網路，如果你通過所有的人，接入的都是同一個關係網，那不管你在這個網路中多有人緣、多受擁戴、多受喜愛，你的關係網都有大問題。什麼問題？

第一，你能獲得的訊息太少。這個關係網中沒有新訊息，即使偶爾有新訊息也是所有人同時知道，而大家同時知道的訊息不能給你帶來任何額外價值。這就是過去一個人在村裡的狀態。第二，你沒有用。不管你的關係網有多麼鐵，你完全沒有額外價值，你所知道的別人也都知道。你對別人沒有用，完全可以被取代。

一旦陷入這樣的關係處境，其實很悲催。簡單說就是你對這個關係網沒有什麼價值，但這個網路卻是你的全部。在它之中，你所獲無幾，還喪失了自由。一旦你被這個關係網拋棄，你就一無所有。你想想，原始社會的村落、農耕社會的宗族裡，或者是四十年前中國的單位裡，是不是就是這樣？

說到這兒，就明白古代的帝王為什麼要當孤家寡人了，為什麼要隔絕大臣之間的交往了，因為只有這樣，帝王才處於對所有人都有用的有利位置。就像我們剛才描述的，他是關係網路中孤零零的一個節點，剩下的人彼此沒有聯繫。這意味著誰都繞不開他，這樣他的皇權才是關係網的保障。這個位置，其實就是社會學上經常講的「結構洞」。帝王的關係網這個比喻，是對結構洞最通俗易懂的解釋了。

如果你在結構洞中，就有了可以利用訊息流套利的機會。在帝王的理想關係網中，只有他能跨越結構洞，所有訊息流全部通過他。帝王知道一切訊息，其他所有人只知道自己該知道的一點訊息，其餘的要看帝王願不願意告訴他、什麼時候告訴、告訴多少，這些都是皇上說了算。

皇上也可以在最恰當的時機干預一切，連接兩個人，讓他們合作，或者讓他們爭鬥。本質上，權力就是這麼回事。為什麼在日常組織裡，領導特別忌諱下屬搞小集團、搞越級彙報？名義上的權力，其實是靠關係網路的形態來保障的。一個不能跨越結構洞的權力，只是權力的擺設。

這只是帝王的關係網結構，是思考問題的原型。當然，我們一般人是做不到帝王關係網的程度的，做到了也不幸福，因為代價是孤家寡人、極端孤獨。但是，理解了關係網路的這個原理，有助於我們搭建自己的網路。

下面就是關於怎麼搞關係具體的建議：

第一，你的關係網中要有多個結構洞。也就是說，你能跨越多個群體，並且有在他們之間做中介的能力，那你對每個群體的價值就越大。為什麼現在大家都要爭當斜槓青年？道理就在於此，這是本能的感悟和洞察。

第二，結構洞越多越好，跨界的收益不是線性增長，而是指數級增長。你越跨界，你對新群體的價值就越大，新群體就越傾向於接納你跨界。這是一個正反饋過程，關係網越有效的人越能延展關係網。

第三，你要多留一個心眼，如果我每個群體只認識一個關係人，那我們豈不是彼此就綁定了？對，解決辦法就是你要在每個群體中，認識兩個以上的關係人，你可以繞開任何人，但是他們不大容易繞開你，你的價值就更大。這就是為什麼主管不喜歡下屬越級向上彙報，但是主管往往忍不住要越級向下指揮的原因。

說白了，一個會搭關係的人，其實需要的不是所謂的高情商，也不是討好別人，而是有讓別人覺得舒服的能力，更重要的是你的好奇心和跨界學習的能力。

一個人一路成長過來，只要你對新領域保持基本的好奇心、社交能力正常，在新領域裡面你總會遇到幾個談得來的朋友，長期累積下來，這就是最有用的關係網。不需要討好誰，你也能在一個複雜的關係世界中獲得自由。

反過來說，這也有一個衡量標準。我們不妨反問一下自己，我們的朋友圈有多長時間沒有新人了？如果這個時間很長，那就要提高警惕了。這不僅是我們關係網正在貶值的訊號，也是你的好奇心或者創新能力正在衰退的訊號。

怎樣說服他人？

孔子拿神靈上天來說事，這是訴求於最高主題；拿道德來說事，這是訴求於最低主題；拿禮儀規範來說事，這是訴求於中間主題。天下所有的說服術，本質上就是要湊齊這三個主題。

胡長白先生有一篇文章〈如何成為大忽悠〉。胡長白是筆名，他的真名叫胡百精，是人大新聞學院的著名教授。這篇文章雖含有「忽悠（糊弄）」二字，但是細看內容，其實是對說服技巧的一種高度總結。當然，說服和忽悠（糊弄），這個界限也沒有那麼明確。

那怎麼成為一個說服高手呢？我們先來看一個例子。

春秋時候，魯定公十年，齊國和魯國的國君組織了一場高峰會談。這次會談上的明星人物是大名鼎鼎的孔子，怎麼回事呢？

原來，齊國國君齊景公勾結了一些當地土著部落，要趁這次開會的時候搞恐怖活動，劫持魯國國君魯定公。結果，孔子一邊掩護魯國國君撤退，一邊跟齊景公說了一段話。

他說，你這個事不能幹啊，三個原因，於神為不祥，於德為愆義，於民為失禮。在神靈上天看來，你這叫不吉利；在道德上，你這叫不仗義；在民間習俗上，你這叫不講禮儀。齊景公一聽這話，馬上就罷手了。

胡長白老師從這段話裡，總結出三個關鍵詞：最高主題、最低主題和中間主題。

孔子拿神靈上天來說事，這是訴求於最高主題；拿道德來說事，這是訴求於最低主題；拿禮儀規範來說事，這是訴求於中間主題。胡長白老師說，天下所有的說服術，本質上就是要湊齊這三個主題。

下面我們一個一個來說。首先，什麼是最高主題？就是那些最崇高、最普世的價值。比如和平、正義、平等、自由、祖國統一、民族團結、世界大同，等等。這些價值，不用再論證為什麼，只要一喊出來，聽眾自然就知道，這是天然正確，不容褻瀆和冒犯的。

比如，第一次世界大戰中，英國人提出的一個宣傳口號是，「為人類的最後一次戰役而戰」。你看，打完這仗，人類就永久和平了，因為我們要打敗專制的德國。這是英國宣傳的最高主題。

但是德國這邊的戰爭動員，也有自己的最高主題。

一九一八年七月十五日，第一次世界大戰已經到了最後時刻。這一天，正好是德國皇帝威廉二世登基三十週年的日子。凌晨一點，威廉二世趕到德軍前線，發表了一份公告，宣布這場戰爭是「世界上兩條道路之間的衝突，要嘛是普魯士—日耳曼的道路：公正、自由、體面、道德，繼續受到尊重；要嘛是盎格魯—撒克遜的道路，這條道路意味著崇拜黃金」。這是德國人的最高主題。

接著再來說「最低主題」。其實也不是低的意思，而意味著最大公約數，是沒有受過教育、不需要有崇高理想的人心中也會有的東西，也就是那些原始、樸素、本真的情感和價值。比如，做人要誠實、忠貞，要有愛、有友誼，要顧及彼此的面子和尊嚴等。

最高主題和最低主題，一個來自我們對人和世界關係的認知，一個來自人性深處的底線。但是它們的特點是一樣的，都具有超驗性和不可顛覆性。

所謂「超驗性」，就是不用討論，也不需要討論，它就是絕對正確的。所謂「不可顛覆性」，就是指應該堅決捍衛它。

在最高、最低主題之外，還有一類叫「中間主題」，這就是直接號召行動或者訴求於利益了。比如，戰爭動員的時候說：「小夥子來當兵！」「把糧食捐給前線！」或者商家對消費者說：「我這個東西質量好、價格低，你快下單。」

提到說服技巧，大家一般以為都是這些「中間主題」。具體玩法包括：訴求於某種利益，某種差異，某種風潮，某種誘惑，某種恐懼，某種權威……

胡長白老師這篇文章的重點在於，只有讓這些中間主題、最高主題和最低主題結合在一起，才是說服技巧的最高境界。

在成功的政治、商業、文化、宗教宣傳中，通常都是這麼混搭的。比如，中世紀的羅馬教廷，一邊喊著你要信上帝，一邊讓你做具體的行動，買贖罪券。這就是最高主題和中間主題的混搭。

再比如，洗衣粉的廣告，一邊喊著你是個愛心媽媽要呵護全家，一邊讓你馬上下單買某種殺菌洗衣粉。這是最低主題和中間主題的混搭。

當然，最好是這三個主題全有。比如雅典奧運會，它的主題是「回家」。你看，短短一個詞裡面，既有奧運會回到自己的發祥地、自己家園的最高主題；也包含有每個人眷念家園的最低主題；當然，還有號召大家到雅典看看，這個具體行動的中間主題。這就是高手中的高手了。

這三個主題，其實是各有分工的，最高主題征服你的信念，最低主題激發你的情感，中間主題訴求利益，直接讓你行動。我們都是普通人，怎麼受得了這樣的轟炸？

這裡面有兩個常見的誤區。第一個就是我們前面提到的，只講中間主題，只拿利益和行動說事，這就顯得沒有靈魂和溫情。這樣的宣傳太過粗暴，很難成功。

第二種，就是只講最高主題和最低主題，沒有中間主題。那就會流於空洞和煽情，也很容易讓聽眾覺得疲勞。

舉個例子，選美大賽。姑娘們都很漂亮，你問她有什麼理想，她會說「世界和平」，最高主題有了。

你問她當選後會做什麼，她會說我要做公益，灑遍人間都是愛——最低主題也有了。但如果僅止於此，你可能還是會覺得這個姑娘普通了點。

如果這個時候有人爆料，說這個姑娘還是個學霸，有博士學位，這說明她還有行動能力，那不得了，馬上魅力爆棚。中間主題也不能缺。

其實也不僅是說服術，這套技巧在商業上和人生中都有妙用。我看過一篇文章，介紹日本人總結的經驗，說所有服務業想提升品質就是三個方向——鄭重程度、速度和親切程度。

舉個例子。有一家餐廳在顧客點完菜之後，服務員會手按胸口說，我們承諾，所有菜品不合口味可退可換，所有菜品二十五分鐘內上齊。接著，服務員會拿出一個二十五分鐘的計時沙漏，放在你的桌上。

手按胸口和沙漏，這就是鄭重程度。二十五分鐘，這就是速度。至於親切程度，就要看這家餐飲企業的內部文化和修養了。

所有的服務業，提升自己的水準，都是在這三個維度上做文章。

結合我們這一篇講的三大主題，鄭重程度就是最高主題，說明這個服務提供者對自己的職業有敬畏之心。速度就是中間主題，說明這個服務有品質。親切程度，就是最低主題，說明這個商家富有溫情。

再引伸一下，一個人完善自我，不也是這三個維度嗎？最高主題，或者說鄭重程度，這是三觀正，有底線；中間主題，或者說速度，這是效率高，能成事；最低主題，或者說親切程度，這是有情商，好交流。

做最好的說服、做最好的生意和做最好的自己，其實道理是相通的。

不僅要感知對方的情緒，
還要把它攤在桌面上說出來，
讓對方看到並開始思考，
讓他收起情緒，切換成理性的狀態。

不僅要在理性上說服對方，
還要在情緒上領導對方。

FBI怎麼和恐怖分子談判？

談判中只有「同理心」是不夠的，還要講究「策略性同理心」。

我看過一本書，叫《FBI談判協商術》，作者是克里斯·佛斯。他是FBI的一位談判專家，專門負責和恐怖分子、逃犯這些人談判。這種工作被稱為談判界的特種兵，因為談判難度特別大。看完這本書，我印象最深的一點是，作者給我們提了一個醒：談判中只有「同理心」是不夠的。

同理心，這個不用說一定是好東西。有同理心的人，能夠很快判斷和其他人的交集，找到雙方矛盾的解決方案。比如，你要是上過談判課，老師基本上都會教你，要有同理心，要換位思考，設身處地地理解對方的處境和感受，再找到空隙，最終達成雙贏。這就是所謂的同理心。話雖然這麼說，不知道你有沒有遇到過這種情況：雙方在情緒上狹路相逢，談判之路被堵死。我們完全理解對方在想什麼、要什麼、他的情緒是什麼，但是就是談不攏，因為有情緒在作祟。怎麼辦？這個時候如果再片面地強調同理心，其實就是單方面妥協。

更嚴重的是，你運用同理心，對方不用，那局面很快就轉變成你為了讓對方高興而談判，你為了讓溝通本身能進行下去而談判，你反而丟了自己的目標。我們為什麼要走上談判桌和別人談，就是為了把我們的想法變成對方的行動。

更進一步地想，談判和爭執，不見得是在兩個人之間展開的，還可能有觀眾。在旁觀者的眼裡，一個溫和的人，一個時時刻刻展現同理心的人，可能就顯得沒有力量、沒有魅力。

比如，美國的希拉蕊在大學演講時說：「請顯示你對對方的尊重，哪怕是敵人也一樣，你要努力去理解他們，對他們的想法感同身受。」你看，政治正確吧？但是這句話一出口，聽眾反而覺得希拉蕊虛偽、俗套、口是心非。後來果然，希拉蕊在總統競選中就敗給了攻擊性更強的川普。他沒有什麼同理心，但是魅力遠超希拉蕊。

歸納一下，如果你只有同理心，你可能會吃虧，可能會丟失目標，可能會在旁觀者眼裡顯得沒有魅力。

那有沒有什麼辦法，在保持同理心的同時，還能避免這些問題呢？在《FBI談判協商術》這本書裡，就提出了一個新的詞，叫「策略性同理心」。

這個詞簡單說就是我用同理心看到了你的立場、感受和情緒，但是我並不試圖和你同步，我只是替你說出來。

就說出來這麼簡單？對，就這麼簡單，替他說出來就管用。

當然，怎麼說，還是有技巧的。比如對方現在的情緒是恐懼，你要直接替他把這種恐懼說出來，比如「看起來你有點害怕」，等著看對方怎麼回應。注意，我開頭用的是「看起來你有點害怕」，不是「我覺得你有點害怕」。描述對方情緒的開頭一定要用「看起來」、「聽上去」這些中性詞，你是在用一種客觀的口吻說出一個事實，不能用「我認為」、「我覺得」。用「我」開頭的話，仍然是傳達一個主觀的判斷。

舉個例子，就可以知道其中的妙用了。

《FBI談判協商術》這本書的作者在美國FBI擔任談判專家的時候，

有一次三個逃犯藏匿在公寓裡，跟警方僵持了六個小時，始終不出來。一般人遇到這種情況會怎麼做？直覺上可能會說：「我理解你現在的心情，但是請你想想自己的家人、孩子，想想他們有多需要你……」這也是希望運用同理心去引起對方共鳴，也是常用的談判方法。

但這種做法有問題，逃犯也不是傻子，他一聽就知道這是警方的路數，他會生出牴觸情緒。而且還有一點，你也不知道逃犯經歷過什麼，萬一他和家人的關係不好呢？這種做法不僅不能破除對方的情緒，反而可能激化他的情緒。

作者是怎麼做的呢？作者對逃犯說：「似乎你們不想出來，你們擔心我們會開槍，你們也並不想回到監獄裡。」作者沒有認同逃犯的情緒，也沒有加入任何外部訊息，他只是把逃犯當下的情緒判斷出來，客觀地描述出來。之後三名逃犯就繳械投降，走出了公寓。

聽上去有點誇張。同理心，加上了三個字，變成「策略性同理心」，就會有這麼大的魔力嗎？這裡面的道理是什麼呢？

這就要提到我們大腦裡的一個結構，叫「杏仁核」。杏仁核掌管情緒，杏仁核越活躍，人的情緒就越高漲，人就越不能理性地思考和做事。那怎麼對付杏仁核呢？有一個辦法，那就是讓它去思考一件嚴肅的事，杏仁核不能思考，一思考立刻就停住了。

為什麼？因為杏仁核是大腦中非常原始的一部分，它有一個綽號，叫「爬行腦」，它是動物進化到爬行動物這一階段進化出來的部分，它的情緒功能強大，但是智力不行。你一給它出難題，它不管多活躍都只好把大腦的控制權讓出來，交給理性能力更發達的大腦皮層。這個時候杏仁核停住了，情緒就平復了。

比如我家女兒兩歲多，正是情緒不太穩定的時候，如果她哭鬧著不肯穿衣服，這時候講道理沒有用。最好用的辦法，是讓她思考問題，比如問她，妳是要穿綠色的衣服還是紅色的衣服呀？她一思考，一選擇，情緒性的反抗馬上就停止了。這就是打敗杏仁核的方法。

我們剛才說的「策略性同理心」，其實用的是一樣的機制。替談判對手把他現在的情緒說出來，其實就是利用了這個機制。他的情緒正在被杏仁核控制，你替他說出來，他馬上就要啟動大腦皮層思考，我有這個情緒嗎？我是對方說的這樣嗎？一想就好辦了，他的情緒就退潮，回歸理性了。

這是一個常用的技巧，比如說在美國的法庭上，被告人的辯護律師在開場陳述的時候，也會用到這個方法。陪審團面對作惡的被告人，情緒肯定很激憤，在這種情緒的干擾下，對被告人的定罪量刑肯定非常不利。所以，被告人的辯護律師會把被告可能會受到的所有指控羅列出來。

這時候，最嚴厲的指控已經被擺到檯面上了，陪審團成員的恐懼和憤怒就會被抑制，他們的思考和判斷就會更加理性。同時，因為你照顧到了他們的情緒，反過來，他們也會傾向於站在你的立場上考慮問題。

把對方的情緒說出來，你反而能占據談判的主導地位。

《FBI談判協商術》的作者在書裡還舉了一個例子。他有一個學生，在華盛頓紅人隊擔任財務總監的助理。紅人隊是一個足球隊，這種球隊每個季度都要收取球迷的會員費。有一年，因為經濟環境不景氣，大量的用戶不打算續費了。總監很著急，打算給這些球迷發一封郵件，草稿是這樣寫的：為了確保你能收到下一季度首場賽事的入場券，你需要在九月十日前支付欠費。想像你自己是他們的會員，你也不會被他說動去付費，話說得太糙了。

作者的學生使用「策略性同理心」改進了這段話，大意是，每個週六在球場上，都能看到你們每一個人共同製造的主場優勢，這個場面斷然不會消失。現在經濟不景氣，在這段苦難的日子裡，你也承受著沉重的打擊，我們一直和你一起並肩作戰。如果你有什麼特殊原因不能續繳會費，請電話告訴我們。結果是，大部分球迷積極繳納了會費。

說到這兒你已經明白了。「策略性同理心」是什麼？其實就是在我們一般的同理心上面加上了兩樣：

第一，不僅要感知對方的情緒，還要把它攤在桌面上說出來，讓對方看到並開始思考，讓他收起情緒，切換成理性的狀態。

第二，不僅要在理性上說服對方，還要在情緒上領導對方。

你真的「準備」好了嗎？

現在社會的競爭，其實很多時候已經不再表現為實力之間的比拚，而是表現在準備工作的比拚上。

讀歷史的時候，不知道你是不是注意到一個現象，就是這幾百年來，世界上的重要會議，尤其是國家級別的、最高領導人間的會議，會議時間是越來越短了。隨便舉幾個例子，你感受一下。

十九世紀，拿破崙戰爭之後，歐洲列強開的維也納會議，從一八一四年九月，一直開到了一八一五年六月，將近一年。一百年後，第一次世界大戰之後的巴黎和會，時間稍微短了一點，也有六個月。皇帝、首相、總理、總統和他們大批的隨從，在這些會議上是既來之則安之，討價還價，合縱連橫，有話慢慢聊。

而現在呢？即使是重要的國際首腦會議，也就是一、兩天的時間，真正會談，也就是幾小時。大國之間的關係那麼錯綜複雜，首腦好不容易見個面，幾小時，哪能說得清楚？

《雅爾達》這本書講的是第二次世界大戰後期著名的「雅爾達會議」，它也是國際首腦會議，這場會議的三巨頭是羅斯福、邱吉爾、史達林。這次會議的時間已經很短了，一共只開了八天。這本書也讓我開了個腦洞：世界性會議的持續時間越來越短，不僅是因為通訊技術越來越發達，也是因為人類大國外交工作的方式，在雅爾達會議的時候有了一次升級。

我們先來簡單回顧一下這個過程：

在雅爾達會議的前一年，也就是一九四四年的九月，羅斯福就向史達林提議，能不能在英國的蘇格蘭北部某個城市開會，史達林拒絕了，說當時蘇聯紅軍正在進行重大的軍事行動，自己必須留在莫斯科坐鎮。

羅斯福不死心，在十月、十一月兩個月份，一共向史達林提供了十幾個開會地點的備選方案，包括雅典、耶路撒冷、伊斯坦堡、羅馬等等。反正會得開，地點好商量。史達林都用各種理由回絕了，說自己身體不好，要聽醫生的話，不能出遠門，要開會也行，最好在黑海附近開，在蘇聯國土上開。

這個理由其實很過分。你身體不好，怕出遠門，人家羅斯福可是殘疾人，出門是需要坐輪椅的，長途旅行對羅斯福來說應該更痛苦。到了十二月，好說歹說，終於把會議地點定在了蘇聯領土上，就是黑海沿岸的雅爾達。

那史達林為什麼要這麼折騰呢？其實就是三個字：拖時間。為什麼要拖時間？也是三個字：做準備。當時蘇軍在德國的攻勢勢如破竹，拖的時間越長，在歐洲占領的土地越多，史達林和羅斯福、邱吉爾開會的時候底氣才越硬。

在會議地點的選擇上，史達林就做足了準備。至於會議本身，蘇聯的準備工作就更細緻了。

雅爾達這個地方，本來是俄國沙皇的療養地，按說各種設施都不錯，但是要知道，蘇聯一九四四年春天才從德國人手裡收復了雅爾達。德國人在撤離的時候，這裡值錢的東西要嘛被搶走，要嘛被燒掉。決定在雅爾達開會的時候，那裡的房子其實都只剩空殼了。

但就在短短的三個星期內，而且別忘了，那個時候還在打仗，蘇聯就把雅爾達修葺一新，變成了一個巨大的會議現場。蘇聯政府組織了一千五百節火車車廂前往雅爾達，專門運送建材、設備、家具、食物。一萬二千名戰俘分為兩班不停地趕工。其中，還有一個建築小組專門負責自製大理石材料，就是為了方便羅斯福總統，因為他得使用輪椅，地面必須堅硬。

這些都是小事，史達林為雅爾達會議做的最重要的準備，其實是情報。

早在雅爾達會議召開的前兩週，蘇聯的情報部門就向史達林提供了一份文件。什麼文件？是英國代表團策略備忘錄的俄文譯本。這份文件非常詳細地說明了英國在雅爾達會議上所有重要議題的立場，包括準備如何瓜分德國，如果制定波蘭邊界聯合國安理會應該如何進行表決，蘇聯的成員國該如何加入聯合國，等等。英國的底牌已經被攤在了史達林的桌上。

美國這邊情況也差不多，蘇聯情報人員對美國的情況也掌握得極其詳細。也就是說，不管羅斯福、邱吉爾帶著什麼想法來到雅爾達，史達林已經對他們的底牌瞭解得一清二楚。那還怎麼談？再反過來看史達林的兩位對手，羅斯福和邱吉爾，不僅對雅爾達會議缺少準備，在內心裡甚至厭惡準備，尤其是羅斯福。

從一個細節就看得出來。

羅斯福從美國去雅爾達，路上要經過地中海的島國馬爾他，這個地方正好是英國殖民地。邱吉爾一看，正好，我就在那裡等羅斯福，我們英國和美國先談，先統一立場，再去和史達林談。邱吉爾那個時候也是七十歲的人了，第二次世界大戰也把他折騰得心力交瘁，這個時候他剛又發了一場高燒。即使這樣，他還是提前來到了馬爾他，等著迎接羅斯福。

羅斯福來了之後，興致勃勃地要觀光遊覽，邱吉爾只好陪著。其實羅斯福哪裡是要觀光遊覽，他就是不想和邱吉爾深聊。一方面，他要避免讓史達林認為英美兩國商量好準備對付他；另一方面，他也想避免和英國形成共同立場後，在雅爾達會議時縮手縮腳。

在馬爾他，羅斯福和邱吉爾雖然一起吃了午飯，也一起吃了晚飯，氣氛也很歡快，但就是不能嚴肅地談公事。邱吉爾一直想插話，始終插不進去，鬱悶得要死。

羅斯福雖然有自己的理由，但是內心深處其實相信的是老式外交家的那一套玩法，相信臨場發揮，相信人際互動，他不相信事前詳盡的準備工作。結果呢？雖然不能說蘇聯在雅爾達會議上贏了多少，但是從會議進程來看，蘇聯確實是一直把持著主動權。

《雅爾達》這本書，雖然寫的是當年的政治博弈，內容也很精采，但是給我留下最深印象的居然是這一點，準備工作的重要性。為什麼我關注這個？因為這和我的一個感觸相關。

我們這代人，生活在一個時間越來越碎片化的時代，人和人打交道的時間越來越像短兵相接。開會的時間、交談的時間、發言的時間，一切人和人打交道的界面都在縮短、節奏都在變快。

那變化僅止於此嗎？不是。其實還伴隨著另外一個維度的變化，準備工作的重要性被大大強化了。現在的首腦會議，比當年的雅爾達會議還要短，但是，準備工作的強度專業化分工的深度，又是當年不可想像的。史達林在雅爾達會議上的表現，其實是開創了大國外交工作風格的一個先河。

現在社會的競爭，其實很多時候已經不再表現為實力之間的比拚，而是表現在準備工作的比拚上。準備工作，就是把實力聚起來放在一個點上。

比如我做的「時間的朋友」跨年演講。論口才，論演講表現力，我肯定不屬第一流。但是圍繞這個產品，我們公司上上下下會準備一年，要開很多場策劃會，要逐字逐句寫演講稿，我自己再演練幾十遍。

一位長期做招聘工作的朋友告訴我，其實現在面試人，其他都可以不看，你就看一點，他為這次面試做了多少準備。做的準備越充足，角度越豐富，其實就已經越可以證明他未來的工作潛力。這證明他是個善於做計畫的人，是一個善於學習的人，也是一個肯合作的人，他還是一個能行動的人，這樣的人，做什麼都行。

在一個越來越短兵相接的時代，人生是越來越像舞台，競爭是越來越靠彩排。

風險到來的時候，
真正能拯救我們的是自我情緒的控制。
避免因為情緒而去犯低級錯誤，
或許我們就可以贏過大多數人了。

太空人如何面對風險？

真正的風險我們是無法徹底消除的。在風險到來的時候，真正能拯救我們的是自我情緒的控制。

我的同事又推薦我看一本書，叫《太空人的地球生活指南》。這本書的作者就是一名太空人，克里斯・哈德菲爾上校，他曾經擔任國際空間站指揮官，是在天上生活過的人。這本書讓我對「風險管理」這個概念，有了更深的理解。

過去，我們認為風險都是可以管理的。比如，一個煤礦，如果完全按照規章制度來操作，應該可以防範絕大多數安全事故。你如果聽說一個煤礦出了事，基本就可以斷定，大概率就是安全責任事故，可能有人沒有遵守規章制度。太空人應該是這個星球上風險最高的職業之一。那針對太空人的風險管理水平一定是全球最高的，整個系統應該盡可能做好萬全的準備。

但是我讀了這本書後發現，做好萬全準備在這一行根本就不可能實現。舉個例子來說明為什麼不可能。美國的阿波羅1號，太空人在太空船裡面進行訓練的時候，意外地發生火災，三位太空人全部遇難。那問題發生在哪兒呢？

在設計太空船的時候，是做了萬全準備的，設計人員還特意考慮到有可能會發生火災，太空船裡用的都是不易燃的材料。但是沒有想到，為了減輕太空船重量，船艙裡面用的是純氧氣，這樣會比用空氣輕不少。但是這樣一來，原來在空氣中不易燃的材料，在純氧中就會變得易燃，而且還會釋放出有毒氣體。參與太空任務、造太空船的可以說是全世界最聰明的人了，那這個道理他們為什麼想不到呢？

道理很簡單，負責艙內材料的和負責艙內空氣的，是兩個部門的科學家，他們都是在各自的領域工作。他們沒有辦法想像各自的工作相加到一起會發生什麼結果。發射一艘太空船，那麼大的一個系統工作，部門和部門之間的接口地帶，多到無法想像，風險也就多到了無法想像。

明白這個原理你就知道，你即便小心一千倍、一萬倍，還是沒有辦法避免出現「黑天鵝」。美國挑戰者號太空梭出現意外，是因為低溫天氣讓一個密封零件失效了。後來還有哥倫比亞號太空梭的事故，原因就是一個公文包大小的隔熱泡沫脫落了，最後釀成一場慘劇。

所以，無論如何準備和檢查，都不可能完全避免意外發生。有這麼大風險的地方，按照常識，一定會有迷信。

太空人在升空前，會按照傳統，做一些會帶來好運的小動作。我們都知道，運動員在參加比賽之前經常會這樣，比如足球運動員C羅，在進入球場前，必須用右腳先踏上球場。梅西在罰點球的時候，必須雙手把球放在發球位置。他們相信這麼做可以帶來好運。

太空人也一樣。美國在二〇一一年停止太空梭項目之後，只有俄羅斯有能力把太空人送入國際空間站。美國每一個乘坐俄羅斯聯盟號太空船的太空人，在參加任務前都要有一個小儀式，就是乾一杯加了火箭燃料的水。接著，還要在加加林曾經的辦公室裡簽文件。加加林就是世界上第一個進入太空的太空人，他們相信這會帶來好運氣。

更有趣的是，馬上就要發射了，太空人在乘車去發射架的路上，必須中途停車，下車在汽車的右後輪上撒泡尿。男太空人都這麼做，女太空人不方便，就必須提前在衛生間把尿收集到一個小罐裡，等停車後再把尿灑在車輪上。因為當年加加林就是這麼幹的，他們相信這樣就能和加加林一樣有好運。

也就是說，想要避免意外發生，太空人其實並沒有太多辦法，只能求助於迷信。

但是，是不是真的沒有辦法處理意外呢？不是。讀了這本書，我發現比起避免意外，對太空人來說更加重要的，其實是控制自己的情緒。

這本書的作者哈德菲爾上校，他自己就遇到過一次非常危險的意外。有一次他在執行出艙活動的時候，在太空中，左眼忽然流入了刺激性液體，液體是擦面罩的時候遺留下的，這讓他眼睛劇痛根本沒有辦法睜開。這是在太空穿著宇航服，他戴著頭盔肯定沒辦法揉眼睛了，而且失重狀態下眼淚也沒辦法流出來。淚滴黏在眼睛上，越來越大，很快就越過鼻梁流到了右眼。這下連右眼也看不見了。

如果這個時候他驚慌失措的話，失誤的後果是可能就永遠消失在太空中。

但是這時候哈德菲爾平時受到的情緒鎮定訓練發揮作用了，他還用輕鬆的語氣和地面工作人員彙報說：「我遇到了一點小麻煩。」地面工作人員在瞭解基本情況後也幫不上忙，說你是身處太空的那個人，你自己決定是不是要馬上返回空間站。同時，旁邊和他一起出艙工作的太空人，也不能馬上去幫助他。最後哈德菲爾冷靜應對，靠眼淚稀釋了刺激液體，重新看見了，而且還完成了自己的出艙任務。

情緒穩定是完成任務並活著回來的關鍵。

其實，太空人不光需要處理恐懼、害怕這樣的消極情緒，就連積極的情緒也要努力去控制。

太空人心態和我們正常人不太一樣，因為他們是經歷很多年的訓練，而且最後還不一定能進入太空，機會很稀缺。一旦真有機會上天，他們的情緒是非常積極的。但這不見得是好事。

比如，會不會出現這樣的情況：太空船正在升空時遇到了意外，按照安全規定，太空人必須終止計畫返回。但是為了完成任務，不讓那麼多年的辛苦白費，他可能就會忽略一些潛在危險，強行執行任務，這就太可怕了。

美國在執行水星計畫的時候，就遇到了這樣的情況。當水星計畫執行第四次載人任務時，原定的太空人因為身體原因沒辦法執行任務了，換上了一位替補隊員，叫史考特．卡本特。對他來說這是多麼難得的機會，經過這麼多年的訓練，終於有機會，而且是個極其偶然的機會可以進入太空了。他很興奮，但是也因為這樣，他到了太空後過於興奮，反覆操作太空船看太空的美景，不聽地面的招呼，結果險些耗盡燃料讓任務失敗。雖然最後還是成功回到了地球，但是他再也沒有被允許進入過太空，因為他管理自己積極情緒的能力實在太差。

消極情緒很可怕，積極情緒也可怕。那怎麼辦呢？

對太空人這個職業來說，除了挑選情緒素質比較高的人之外，太空人平時訓練的時候，其中非常重要的一個項目就是訓練控制自己的情緒。

比如，太空人會做一個「死亡模擬」的訓練。讓太空人自己去想像，自己會怎麼死，死了之後怎麼樣，自己死了之後家人同事會怎麼辦，等等。

這個訓練是這樣的，所有相關的人，比如太空人自己、醫生、項目負責人、親戚朋友等，都圍坐在一個桌子面前。由訓練員設定一個場景，比如太空人在軌道上嚴重受傷會怎麼辦。接下來幾小時，每個人都會根據自己的角色進行響應。這還沒完，這個訓練還會推進一步，假設這名太空人已經死了，但沒有裝屍袋該怎麼辦，是要把屍體運回地球，還是讓屍體在大氣中燃燒？等等。他們長期組織這種討論。

這樣的訓練有什麼意義？有人說，太空人已經死了，以後再怎麼樣跟他也沒有關係。我認為這有意義，這樣的訓練可以幫助太空人去設想自己的死亡，熟悉自己的死亡，將死亡這件事和對它的恐懼情緒分離開來。這樣，在太空中執行任務的時候，萬一危及生命的情況真的發生了，太空人就有能力專注去處理風險，而不是陷入對死亡的恐懼。

這一篇我們雖然講的是太空人，我們絕大多數人是不可能成為太空人的，但是他們的訓練對我們也有啟發。

第一，必須認識到，不管準備工作多扎實，真正的風險我們是無法徹底消除的。

第二，在風險到來的時候，真正能拯救我們的是自我情緒的控制。避免因為情緒而去犯低級錯誤，或許我們就可以贏過大多數的人了。

你懂得利用信用網路嗎？

通過經營一層層的信用網路，不是爬山，而是登塔，一層層地向上攀登，這條道路仍然通暢。

很多年前，我因為好奇，託朋友關係參加了一場保險公司的早會，旁觀很多人跳舞、唱歌、喊口號。我自己不太喜歡這一套，但是旁觀那麼多人真誠地在「打雞血」，倒也很尊敬他們的努力。

不過，在旁觀的過程中，我看到了一種思維邏輯：我只要突破自我，錨定目標，想盡辦法，不怕挫折，就一定能成功。成功在那些人看來，就是從現狀到目標，畫一根直線後，再努力就好了。

那這一套管不管用呢？坦白地說，在工業社會其實是非常管用的。因為工業社會是一個中心化社會，社會結構相對簡單，做事的人在組織內怎麼上升，老師傅們的榜樣都擺在那裡，台階很明確，你無論是想成為特級教師，還是大名醫，努力的方向就在那裡，你努力就是了。

在組織外做事，往往背後都有強大的信用背書。比如說，你雖然是一個保險推銷員，但是你推銷的是大保險公司的產品，公司的品牌其實為你提供了達成交易的根本動力，消費者買的是這個產品背後的品牌，個人的努力只是交易成功的很小一部分原因。

帶著中心化的信用，面對一盤散沙的公眾，再加上大眾媒體這些工具，做事的難度不見得小，但是確實可以直奔目標而去。就像在靶場上，你手裡拿的是槍，公眾就是不會動的靶子，大家雖然有競爭，但比的是槍法，雖然競爭也很激烈也很難，但是過程中沒有曲折，努力就好。

但是，這一套方法在今天越來越不管用了。因為社會的信用結構發生了變化。

整個社會正在經歷一個「再部落化」的過程，這意味著，人群分成一個一個的小部落，原有的中心化的信用很難再擊穿人群了。比如說，今天即使你是著名品牌，如果不是這個消費者喜歡的調性，不符合他的小部落文化，你不僅無法向他推銷，甚至誰使用這個品牌都會被他鄙視。再比如說，大企業招聘員工，如果企業文化不讓人喜歡，在人才市場上也會沒有優勢。再比如，這兩年很少有大的消費品牌崛起。反而是像拼多多，還有各種微商做得越來越好。它們都不是在用中心化的信用，而是用碎片化的人和人之間的小規模信用做生意。

阿里巴巴原來有一個中國供應商團隊，特別強悍，善於挨門挨戶地推銷產品，所以有一個外號，叫「中供鐵軍」，這裡面的人就被稱作「中供系」，現在中供系的那一套不太好用了。為什麼？最簡單的一個原因，原來滿街都是小商家，可以推門就進地搞推銷，現在不行了，公司都搬到了寫字樓裡面，不認識裡面的人連門都進不去，那還談什麼推銷。

這就是社會信用結構、網路結構發生的變化，這讓我們做事的環境發生了巨變。

中心化的社會，帶來中心化的信用體系，做事雖然難，但是可以沿著一條筆直的道路向前努力。但是在部落化的社會裡，信用體系是分散的，你如果不能進入信用網路，根本就沒有達到目標的機會。說到底，任何協作或者交易的達成，先決條件都是信用。那既然直奔目標去努力的方法不管用了，現在應該怎麼達到目標呢？

我先說個故事。一個在地級市銀行工作的小夥子，他為銀行賣理財產品。如果他直奔目標，就該像保險公司的推銷員一樣去掃樓，挨門挨戶地敲門，你知道這一套沒用。

那他怎麼做？他先想，客戶最集中的地方在哪裡？大爺大媽跳廣場舞的地方。難道去跳廣場舞的場地擺個攤兒嗎？不行，這樣做跟掃樓沒什麼區別，還是沒有信用，人家憑什麼相信你。

這小夥子想了個辦法。他拿著數位相機，以一個攝影愛好者的身分，給大爺大媽們拍照片，而且拍得特別認真。

廣場舞在大爺大媽們心裡是何等地位，突然冒出一個小夥子記錄這個美妙的時刻，他們當然高興，而且還一定會朝這個小夥子要照片。這時小夥子就會說，沒問題，但是我的照片都存在儲存卡裡，卡又不能給您，要不我到您家，給你拷貝到電腦裡吧。好了，這就有了一個上門的機會。

上門之後，老人家對電腦往往又不太熟練，小夥子肯定還要幫他們修理一下電腦，幫助裝個軟體、下載個電影，過程中難免就要聊聊家常。一來二去，大家由生到熟，這時再聊聊工作，亮明身分，說攝影是副業，銀行是主業，我專賣理財產品。大爺大媽就問好賣嗎？有什麼理財產品？不管說什麼，因為有了前面的信任感，你進入了一個新的信用網路，老人家聽來都是入耳入心，大大提高了成功率。

拍照這個工具，先讓小夥子被廣場舞團體接受，這是進入第一層信用網路；再用傳照片這個工具，進入潛在客戶的家裡，成為私人朋友，這是進入第二層信用網路，這樣才能再發展客戶關係，結成第三層信用網路。這三層上一層和下一層沒有關係，但是不進入上一層，根本就沒有機會進入下一層。

一個美國女孩，大學畢業後跑到日本的一個島上過了大半年閒雲野鶴的日子，後來再回美國找工作。而且她的眼光還不低，一下子就看中了Nike公司的一個崗位。

要知道，大公司一份搶手的工作很多人都搶著要。假如她直接投簡歷，大家一看妳一畢業就去荒島上住半年，成功率肯定不高，妳又沒有職業經歷。怎麼辦？這位女孩就開始了我們剛才說的分級式行動，先去找自己的信用網路求助。妳一個畢業生有什麼信用網路？有，她先是在自己母校的校友網上發帖求助，說自己想應聘Nike的工作，不求學長學姊託人找關係，只希望看誰瞭解這個崗位的情況，能夠提供一點訊息，隨便什麼訊息都可以。

校友都樂意幫助校友，況且提供一點訊息，只是舉手之勞。於是，這個女孩很快就掌握了一大堆各種各樣的訊息。

這就是她在校友論壇這個節點上，部署的第一層網路。緊接著，順著這層網路深入，她可以約一些熱心的校友出來喝喝咖啡，或者通過其他渠道蒐集更多的面試訊息，甚至通過校友找到Nike公司內部的人，進一步瞭解一些企業的細節。在面試中，這都是非常有用的訊息。

結果這個女孩順利地獲得了這份工作。要知道，在幾個月前，她可才剛剛結束了大半年與世隔絕的生活，已經和這個社會脫節了，但她通過校友這個淺層信用網路，逐步深入，最終達到目標。有人說，現在社會階層已經固化。但是要依我看，這不是說社會上下層之間的通道被封死了，而是指傳統的努力方式、勵志故事的模型不再適用。一個底層的人，瞄準目標，玩命努力就能筆直地通向成功的時代確實已經過去了。但是通過經營一層層的信用網路，不是爬山，而是登塔，一層層地向上攀登，這條道路仍然通暢。

如果你在朋友圈裡看見有人經常問，萬能的朋友圈啊，誰能幫我找個什麼人，幫我個什麼忙，而不是在朋友圈裡發自己吃了什麼菜，你就知道，這個人不管最後能不能成功，但是至少，他用的方法是對的。

從知道訊息，到改變自我，
有一個要跨越天塹的過程。

舒適圈，
指的是人習慣性解決問題的方法，
跟這個方法舒適不舒適沒關係。

被誤解的舒適圈

膽小不敢表現自己、太愛表現自己；怕和別人產生衝突、太愛和別人產生衝突；喝酒、抽菸、打遊戲、拖延症、訂計畫完不成、想學習又犯懶……所有這些我們看不上的毛病，它們都是我們的舒適圈。

有一句話是這麼說的：「知道了那麼多道理，為什麼還是過不好這一生。」這「知道」的「知」字，到底是什麼意思？是看到了、記住了、理解了訊息嗎？不是。

「知」這個字的左邊是「矢」，就是箭，右邊從「口」是什麼？是箭靶。知的意思就是射箭達到了目標。有人可能會覺得奇怪，知道，不是將外界的訊息輸入我的大腦嗎？怎麼會是我射箭達到外面的目標啊？對，這就是對

「知」這個字最大的誤解。

在中國文化中，「知」和「行」是合一的。比如，「春江水暖鴨先知」，這個「知」，當然不是用溫度計測量一下，知道水溫上升了，而是鴨子在水裡真切地瞭解和感知了水溫的上升。再比如說，「知己」，這個「知」當然不是知道你這個人，而是像微信好友一樣，深切地瞭解你的人才叫知己。再比如，「知縣」「知府」，這是古代的官職，那當然也不是指瞭解，而是掌控管理這個轄區。

「知」是我們對外界的像射箭那樣達到目標的過程，而不是獲得了一點訊息這麼簡單。如果你指望知道一些訊息就能改變自己的命運，那就像是給你看一張王羲之的字，再讓你一模一樣地寫一張。對啊，你已經看到了全部，你已經看到了每一個細節，你怎麼還是寫不出來呢？

從知道訊息，到改變自我，有一個要跨越天塹的過程。「舒適圈」這個概念你應該聽說過，人改變自己就應該擺脫舒適圈。過去我以為，擺脫舒適圈的方法不是明擺著的嗎？就是不犯懶，不貪圖快樂，到自己不舒服的地方去，吃苦耐勞、不畏艱險。這就能改變自己。靠的是什麼？是意志力？

事實上，舒適圈，是指你習慣的解決問題的方法。跟這個方法舒適不舒適沒關係。解決什麼類型的問題呢？就是那些讓你很焦慮的問題，比如怕被人看不起、怕沒有成就、怕失去感情，等等。如果你習慣用抱怨他人、可憐自己來解決這些問題，即使你非常不喜歡這些手法，這也是你的舒適圈。

電影《刺激一九九五》裡面有一個著名的例子，一個老犯人在監獄裡被關押了五十年，在即將要刑滿釋放的時候，他卻差點精神崩潰，最後自殺。你看，誰都知道在監獄裡不舒服，他在監獄裡肯定也嚮往過外面的世界，但是這裡有他熟悉的應對環境的方法，他受不了改變。這裡別誤解，這不是說，熟悉的環境就是舒適圈。有的人隔三岔五換工作，這也是他熟悉的應對環境的方法，換工作就是他的舒適圈。

膽小不敢表現自己、太愛表現自己；怕和別人產生衝突、太愛和別人產生衝突；喝酒、抽菸、打遊戲、拖延症、訂計畫完不成、想學習又犯懶……所有這些我們看不上自己的毛病，本質上都是我們習慣的解決問題的方法，它們都是我們的舒適圈。雖然它們給我們帶來的心理感受一點也不舒服。

問題來了：為什麼很難走出舒適圈？因為跟這些毛病對抗是沒用的。只要它背後要解決的問題還在，你就難免滑到老路上去。就像那些流氓軟體，不管你把它刪得多乾淨，要不了多久，它又自動裝回來了。

比如說，暴飲暴食是為了應對焦慮，你逼自己不吃，在飢餓狀態下你其實變得更焦慮了，就更想吃，這就像是你在拉一根橡皮筋，越使勁，回彈的力量就越大。最後意志力轟然倒塌，回到原狀，加倍地報復性地暴飲暴食。我們胖子都知道這個循環有多絕望。

舒適圈有多強大？舉個例子你就明白了，它強大到超過生存的欲望。有一項醫學調查顯示，假如心臟科醫生告訴嚴重的心臟病患者，如果他們不改變個人生活習慣，比如不健康的飲食、不運動、抽菸等，他們將必死無疑。即使在這種情況下，也只有七分之一的人會真正改變自己的生活習慣。可以肯定，其餘七分之六的人，也想活下來，他們也知道該怎麼做，但就是沒法改變，沒辦法走出舒適圈。

我們看到的需要改變的表象，根本不是問題的根源，改變自己的難處就在這裡。就好比你開車，油門踩到了底，但是根本就沒有掛上檔，整個車子轟隆隆地在原地踏步，壓根兒就在空轉。

我以前參加過很多次閉門私董會，就是一幫企業家幫助其中一個企業家解決他經營中遇到的問題。在這個場合裡，大家都是比較坦誠的。

我就發現了一個有趣的現象，一個企業家自訴家史，說企業管理怎麼遇到了問題，周圍的人不斷就這個問題追問他，問來問去，問到最後，很多情況下，他自己都會吃驚地發現，原來我要解決的不是這個表面的問題，而是後面深層的原因。你猜，最多的原因是什麼？

往往是這個企業家的私生活出了問題。他要解決的是親密關係難題，而不是企業經營。如果只改進管理，油門踩到底也是空轉。

僅認識到這一點，你就已經邁開了讓自己改變的第一步。

怎樣改變自己的心智模式？

當別人在用標籤談論事情的時候，我們談論事實；當別人在用抽象的方法認知外界的時候，我們回到具體。

你不趕緊按照你想的方式去活，那遲早會按照你活的方式去想。

只要你按照自己活的方式去想，把自己的現狀合理化，這就是最壞的心智模式。它意味著一個人封閉外部世界，排斥了自己發生變化的各種可能性。

那怎麼擺脫這種心智模式呢？怎麼做一個不斷發展的人呢？答案看起來是明擺著的：多學習、多試探、多創造。但是聽起來高大上，做到極難。為什麼？因為對外界和未來的開放，就意味著對現在和自己的否定。

瑞·達利歐在《原則》這本書中有一句話：如果你現在不覺得一年前的自己是個蠢貨，那說明你這一年沒學到什麼東西。我們人人都想要學到新東西，但是證明自己原來是一個蠢貨，這是絕大多數人的心智很難接受的代價。

那怎麼樣才能走出原來的心智模式？

反其道而行之。反什麼？反「進化給我們設定的預裝程序」。首先我們得明白，所謂「壞的心智模式」，不是因為我們能力低、不正常，而是因為我們太正常了。幾百萬年的進化歷史，賦予了我們人類一些本能。在歷史上，這些本能的用處極大。它們已經像預裝軟體一樣，刻在我們的基因裡了，絕大部分人擺脫不了它們的制約。

但是在現代社會，這些本能還有可能成為負擔、成為拖累，阻礙自我發展。所以，把這些過時的本能識別出來，反其道而行之就可以了。自我改變之所以難就難在這裡，我們是在和幾百萬年形成的基因對抗。

人類有兩樣認知本能：標籤化和抽象化。

下面我們一個個來看，這些預裝軟體原來是怎麼幫助我們的，在現代社會，它們又是怎麼阻礙我們的。

首先是標籤化。

人要認知複雜的外部世界，最省力的一種方式，就是把它標籤化，給它取各種各樣的名字，例如美國人怎麼想、上海人如何、某某公司好不好、誰是直男癌等，這都是標籤化的認知。沒辦法，我們的大腦就那麼點認知資源，要想快速把握世界，只能用這種快捷方式。即使不準確，也不失為一個有效的手段。

但是，在現代社會，如果我們還用這種快捷方式的標籤化來認知自己，比如，我是一個聰明人，這個標籤一旦打上就麻煩了。為了維持這個自我認知，你能做的，就是躲避那些可能讓你顯得不太聰明的事，比如學習一項新的技能，做一件有挑戰的嘗試，你全要躲。

再比如，你認為自己是一個受歡迎的人，這也麻煩了。為了維持這個自我認知，你會討好所有的人，怕和任何人起衝突，最後你什麼也幹不成。

你發現沒有，身邊那些認知能力差的人，經常會自我標榜，比如哥們仗義、我多善良，等等。這不是說他在吹牛，而是這種自我標籤化的結果，說明他的生命一定是在躲著什麼的，屏蔽掉一些什麼的，一些變化的可能性自然也就消失了。

教育孩子的時候尤其要注意這一點，好孩子是誇出來的。沒錯，但是怎麼誇呢？比如，孩子做對了一件事，如果你誇他「聰明」，這就是在貼標籤。他以後的行為，很容易被這樣的誇獎引導到證明和維持自己「聰明」的標籤上來，結果就會很糟糕。但是，如果你誇他「努力」，這是在描述一個事實，那結果就是他會進一步努力。從這個例子，你可以看出貼標籤的危害性。

描述自己，別用「我是一個什麼樣的人」這樣的句式說話，盡可能回到事實，這就是反其道而行之，改變壞的心智模式的第一步。

我們再來看第二個本能，抽象。抽象化和標籤化有類似之處，但是也有區別。標籤化是盡可能地準確描述，抽象是盡可能地擴大範圍。比如，原始社會有人在叢林裡被蛇咬了，消息傳到村子裡，大家就知道了這片林子不能去，有蛇。你看，這就是從一條具體的蛇抽象成一片林子的能力，就是擴大化。這個能力，在人類發展的早期當然非常有用，幫助他們躲避了很多風險。

但是在現代社會，這種抽象能力會把我們害得很慘。比如一個人在一家創業公司工作不順利，被老闆開除了。

他認知這件事有幾種抽象的方法：第一，我不適合在這家公司工作；第二，我不適合在創業公司工作；第三，我不適合在公司工作；第四，我不適合工作。

你看，這也是從一條蛇變成一片林子的過程。如果任由這種抽象能力發展下去，他就乾脆回家啃老。事實上，很多人生失敗的人，都有類似的經歷。他們往往喜歡用「一切」、「總是」、「根本」、「全都」這些肯定判斷來描述事情，這樣做往往就會在生命中遇到很多阻礙。

還有，很多人在問問題的時候，也經常犯這個過度抽象的毛病。比如，我性格內向怎麼辦？我的公司如何提升品牌？我們怎麼做創新？這些問題如果不能還原成具體的細節，誰都沒有辦法回答。再比如，夫妻吵架，經常會說，「你總是只想你自己」、「你總是不回家」，等等。這種口頭禪其實也是把具體的行為抽象擴大成這個人的定位。

那怎麼辦呢？還是我們剛才講的那個方法，跟進化出來的基因本能搏鬥，反其道而行之，因為抽象的反義詞是具體。

比如，夫妻吵架，如果能用這樣的口氣：「這個星期你有三次沒有回家了，我們要談一談解決方法」、「我昨天生病了，你連問都不問，你需要給我一個解釋」，如果總是用這種口氣說話，這架也就吵不起來。

有一個有趣的現象，身邊工作能力強的人往往就是那種凡事就事論事，善於解決具體問題的人，而不是動不動談方向、談戰略的人。

比如，心理醫生平時做心理諮詢的時候，第一步就是解決這個問題。

如果在諮詢室裡，有人問類似「我很內向，每次遇到人都有些緊張」這樣的問題，心理醫生就會反問他們：遇到哪些人你容易緊張，遇到哪些人不會呢？在什麼場合你容易緊張，什麼場合不會呢？在與人相識的哪些階段你容易緊張，哪些階段不會呢？最近你在跟誰交往呢？感覺怎麼樣呢？這也是從抽象回到具體的過程，問題很快就能解決。

回到我們這一篇的題目，怎麼改變自己的心智模式？當別人在用標籤談論事情的時候，我們談論事實；當別人在用抽象的方法認知外界的時候，我們回到具體。

羅胖思維書清單

1. 《比賽中的行為經濟學：賽場行為與比賽勝負的奧秘》
- 托拜厄斯·莫斯科維茨、喬恩·沃特海姆 著
- 二〇一八年，浙江教育出版社

2. 《為什麼Google不夠用？》
- 威廉·龐士東 著
- 二〇一六年，商周出版

3. 《專業之死》
- 湯姆·尼可斯 著
- 二〇一九年，臉譜

4. 《有限和無限的遊戲：一個哲學家眼中的競技世界》
- 詹姆斯·卡斯 著
- 二〇一三年，電子工業出版社

5. 《中年的意義：一個生物學家的觀點》
- 大衛·班布里基 著
- 二〇一六年，如果出版社

6.《以小勝大：弱者如何找到優勢，反敗為勝？》（典藏紀念版）

- 麥爾坎．格拉威爾 著
- 二〇一八年，時報出版

7.《長壽新人生：在人工智慧與高齡化的未來，工作與生活的嶄新指南》

- 安德魯．史考特、林達．葛瑞騰 著
- 二〇二一年，今周刊

8.《FBI談判協商術：首席談判專家教你在日常生活裡如何活用他的絕招》

- 克里斯．佛斯、塔爾．拉茲 著
- 二〇一六年，大塊文化

9.《雅爾達：改變世界命運的八日秘會》

- 浦洛基 著
- 二〇一一年，時報出版

10.《太空人的地球生活指南》

- 克里斯．哈德菲爾 著
- 二〇一四年，大塊文化

我的思維書清單

列下你未來半年的讀書清單吧！
羅胖，和你一起終身學習！

國家圖書館出版品預行編目資料

你要當刺蝟，還是狐狸？：羅輯思維【認知篇】/
羅振宇 著；--初版.--臺北市：平安文化, 2022.04
面；公分. --(平安叢書；第711種)(我思；8)
ISBN 978-986-5596-70-5 (平裝)

1.CST: 思考 2.CST: 思維方法 3.CST: 通俗作品

176.4　　111002411

平安叢書第0711種

我思 08

你要當刺蝟，還是狐狸？

羅輯思維【認知篇】

《羅輯思維【認知篇】》：文化部部版臺陸字第110375號；許可期間自111年4月1日起至116年3月31日止。

作　　者—羅振宇
發 行 人—平雲
出版發行—平安文化有限公司
台北市敦化北路120巷50號
電話◎02-27168888
郵撥帳號◎18420815號
皇冠出版社(香港)有限公司
香港銅鑼灣道180號百樂商業中心
19樓1903室
電話◎2529-1778　傳真◎2527-0904
總 編 輯—許婷婷
執行主編—平靜
責任編輯—蔡維鋼
行銷企劃—薛晴方
美術設計—兒日設計、李偉涵
著作完成日期—2020年
初版一刷日期—2022年04月

法律顧問—王惠光律師

讀者服務傳真專線◎02-27150507
電腦編號◎576008
ISBN◎978-986-5596-70-5
Printed in Taiwan
本書定價◎新台幣380元/港幣127元